LES CAPTIFS

DE LA DEÏRA

D'ABD-EL-KADER

In-12. 3e série bis.

CAPTIFS D'ABD-EL-KADER

Il donna ordre qu'on conduisit M. Courby de Cognord dans la tente d'un de ses officiers.

LES CAPTIFS

DE LA DEÏRA

D'ABD-EL-KADER

— SIDI-BRAHIM ET SIDI-MOUSSA —

1845 - 1846

SOUVENIRS DE LA VIE MILITAIRE EN AFRIQUE

PAR

Maurice de Bongrain.

La manière vraiment sublime dont s'est conduite cette petite troupe est un fait digne de l'histoire. Rapport du général de Lamoricière·

LIBRAIRIE DE L. LEFORT

IMPRIMEUR, ÉDITEUR

LILLE — PARIS

rue Charles de Muyssart — rue des Saints-Pères, 30

M DCCC LXIV

Pendant mon séjour à Tlemcen, durant l'automne de 1860, j'avais adopté pour promenade favorite un ravin qui s'étend entre les ruines de la septième enceinte de cette vieille forteresse musulmane et la pépinière récemment créée par les Français. Ce lieu est particulièrement remarquable dans une contrée où la nature a semé des merveilles à chaque pas. Un gros ruisseau coule au fond avec un bruit de torrent. Les deux pentes sont couvertes d'un fourré si épais de lauriers-roses, de figuiers, d'oliviers gigantesques, de grenadiers et de vignes entrelacées dans leurs branches, qu'on se croirait dans un lieu inhabité, si de temps en temps un petit sentier tortueux, un carré grand comme la main de tomates et de piments rouges, l'aboiement d'un chien de garde, ou une mince colonne de fumée qui s'élève au-dessus d'un vieux pan de muraille, ne vous avertissaient que ces beaux arbres ont un maître, et que les fruits délicieux qu'ils mûrissent ne sont pas offerts aux voyageurs par la Providence.

Quand je passais en un certain endroit où la gorge se rétrécit tellement qu'un pont formé d'une seule planche en réunit les bords, je ne manquais jamais de voir s'élancer, de l'étage inférieur d'une vieille tour encore debout en ce point, un énorme molosse qui m'aboyait d'en bas en me montrant les dents les plus aiguës du monde. Presque au même instant, sur la plate-forme de la tour ou à l'une des fenêtres dont elle était percée, je voyais apparaître un frais visage de femme coiffée à l'espagnole, qui faisait dans cette langue des objurgations au chien de garde jusqu'à ce qu'il fût rentré dans sa cave, car sa niche était une vraie cave qu'il partageait avec deux ou trois chèvres occupées tout le jour à brouter le long du ruisseau.

Souvent, dans les beaux soirs, à l'heure où le soleil se couche, je m'étais arrêté devant la porte de ce site étrange. Un peintre en eût certainement fait un merveilleux tableau. A cette heure il n'était pas rare de voir deux ou trois marmots jouant autour de leur mère sur la plate-forme. Elle chantait en travaillant, les yeux sur sa couture. Quelquefois le père était assis auprès d'elle, en bras de chemise, fumant sa pipe et souriant aux espiègleries des enfants.

Au-dessous d'eux, les fenêtres ouvertes de l'étage habité de la tour laissaient voir un buffet garni de vaisselle, un lit blanc, des gerbes de fruits pendus aux solives. Par le pont de planches dont j'ai parlé, on pouvait arriver à cet étage à l'aide de quelques marches d'escalier. L'étage inférieur, par lequel le pied de la tour allait s'appuyer sur les rochers du ruisseau, servait, comme je l'ai dit, à loger les chèvres et le chien.

Cette famille me plaisait sans la connaître.

Son sort me semblait répondre au tableau que les poëtes ont écrit du bonheur dans la médiocrité. J'ambitionnais d'y être admis. Le moyen que j'employai pour cela est des plus vulgaires. Un jour, armé d'un cigarre éteint, je traversai le petit pont et vins frapper à la porte en demandant du feu. Ce fut le mari qui m'ouvrit. Il m'introduisit dans un grand jardin parfaitement cultivé à la française, qui régnait entre la vieille enceinte et la ville actuelle. De ce côté, l'étage habité de la tour communiquait de plain-pied avec le jardin.

Aux premières paroles je reconnus que mon hôte était un Français. Il avait épousé une Espagnole, comme cela n'est pas rare dans ce pays. Pour élever leur petite famille, ils exerçaient la profession de jardinier. Ces braves gens me firent asseoir, et nous causâmes longtemps ensemble. Ils avaient remarqué mes fréquentes promenades de ce côté ; ils m'invitèrent à revenir les voir. Peu à peu je devins de leurs amis.

Le jardinier était un des héros restés obscurs de nos immortelles guerres d'Afrique. Il avait assisté à la fameuse affaire de Sidi-Brahim, il avait été plus d'un an prisonnier d'Abd-el-Kader, il avait vu massacrer autour de lui plus de deux cent cinquante de ses camarades : tous, faut-il dire, moins deux ou trois qu'un hasard miraculeux avait sauvés. Il me racontait toutes les circonstances de ce drame lugubre avec une simplicité touchante, recommençant les passages obscurs du récit des historiens, rectifiant leurs erreurs, et appuyant les moindres détails par des pièces officielles ou des relations originales écrites par ses camarades et par des officiers qu'on avait épargnés dans les massacres.

Sur cette période importante de sa vie, presque rien n'avait été publié qu'il ne l'eût acheté, lu et annoté avec un soin minutieux. Il y avait là les feuilles du *Moniteur*, les articles de nombreuses revues, la relation si curieuse du docteur Cabasse, les belles pages d'A. Dumas, et, entre autres pièces manuscrites d'un intérêt puissant, le journal du maréchal des logis Barbut, qui forme plus de soixante-dix feuillets in-folio.

En lisant ces vivantes pages, écrites de

la main même des héros, et pour ainsi dire avec leur sang, j'ai pensé que je ferais une œuvre agréable aux parents, aux amis, aux contemporains de tant de braves soldats morts pour la patrie commune, en ramassant un à un ces détails et en coordonnant ces notes de manière à en faire un livre, un livre vrai, exact, écrit sans passion et sans esprit de parti, où chacun pût retrouver la trace de ceux qu'il a aimés, et où l'histoire impartiale puisse un jour puiser comme dans une source pure.

LES CAPTIFS

DE LA DEÏRA

D'ABD-EL-KADER

Le Combat.

Abd-el-Kader considéré comme centre de la résistance musulmane en Algérie. — L'affaire des grottes du Dahara, en 1845, rallie autour de lui le patriotisme expirant des tribus ; il en profite pour un soulèvement général. — Les Arabes soumis à la France appellent les Français à leur secours. — Les Souhalia en font autant pour attirer la garnison de Nemours dans un guet-à-pens. — La colonne commandée par M. de Montagnac est surprise et taillée en pièces par les réguliers de l'émir. — Résistance héroïque du capitaine de Geraux dans le marabout de Sidi-Brahim. — Affaire de Sidi-Moussa. — On réunit les prisonniers de ces différents engagements, au nombre de trois cent quatre.

I

La conquête de l'Algérie par la France, commencée avec tant d'éclat en 1830 par le maréchal de Bourmont, et récemment terminée d'une façon si heureuse par la soumission des Kabyles au maréchal Randon, fut longtemps retardée, comme chacun sait, et mise en péril par l'enthousiasme et l'exaltation religieuse que le fils d'un marabout de Mascara, El Adj Abd-el-Kader, l'un des hommes les plus remarquables de notre époque, avait su allumer autour de lui.

La postérité comptera sans doute Abd-el-Kader au nombre des héros. Si c'est toujours un noble dévouement que de combattre pour l'indépendance de son pays, c'est de plus la marque d'un courage héroïque, de s'attaquer à un ennemi comme la France avec des ressources aussi faibles que celles dont les Arabes pouvaient disposer à cette époque.

Abd-el-Kader est né en 1806. Son père, descendant du Prophète, prêtre de sa religion par droit de naissance, et issu de cette intrépide race de soldats aventureux qui avaient envahi l'Afrique septentrionale et l'Espagne au VIIIe siècle pour fonder les brillants royaumes du Maughreb et de Cordoue, était un de ces vieux patriotes qui ne supportent *la neige* de la servitude qu'en rêvant *au soleil* de la liberté. Au plus fort de la domination turque, car l'impôt ottoman n'était pas payé, il y a cinquante ans, par les tribus africaines, avec plus de plaisir que ne l'est aujourd'hui l'impôt français, Sidi Mahi-Eddin se berçait de l'espérance d'une restauration arabe. Frappé du génie précoce de son dernier fils, il s'était accoutumé à voir en lui l'instrument dont le Ciel devait se servir pour cette grande révolution, et il l'avait élevé dans ce but, nourrissant son âme du plus pur froment de la doctrine musulmane, formant son cœur à la piété enthousiaste des marabouts, et son corps à toutes les fatigues, à toutes les ruses de la guerre. Le joug turc, brisé inopinément par les Français et l'établissement des chrétiens en Algérie, au lieu de renverser ses desseins, n'avait fait que les affermir. Au drapeau de l'esclave révolté, il pouvait désormais joindre celui du croyant menacé dans sa foi; au mot magique de liberté, le mot immortel de religion. Il crut voir un encouragement du Ciel dans la marche des événements; il proclama la guerre sainte.

Dans l'immense plaine d'Eghris, qui s'étend au sud de Mascara jusqu'aux versants de l'Atlas, au mois de septembre 1833, toutes les tribus de l'ouest s'étaient réunies. Cette solitude aride, que pas un arbre ne protége contre les rayons d'un soleil de feu, et où l'œil du voyageur cherche en vain aujourd'hui la fumée d'une tente ou la trace d'un chamelier, s'était transformée tout à coup en un camp immense, plein de tentes, d'hommes et de chevaux à perte de vue. Il s'agissait de donner un sultan à l'Afrique. Assis en rond sur des nattes de palmier, les cheiks délibérèrent jusqu'au soir. Leurs différents discours, écoutés avec un religieux silence, réveillèrent dans toutes les âmes le généreux sentiment de l'indépendance nationale; et lorsqu'à son tour Mahi-Eddin eut parlé, l'enthousiasme se trouva tel qu'à l'unanimité Abd-el-Kader fut proclamé *emir el-moumenim* (prince des croyants), et revêtu du burnous violet, insigne de sa haute dignité. C'était donner une tête à la résistance et centupler la besogne des Français.

Depuis ce jour jusqu'à la prise d'Abd-el-Kader[1], l'insurrection devint une lutte à laquelle l'habile émir ne manqua jamais de chercher à donner un caractère d'unité qui seule pouvait la rendre durable; aussi se prolongea-t-elle pendant quatorze ans. Pendant quatorze ans, on vit un homme, sans autre trésor que sa volonté, sans autre autorité que sa parole, soulever l'Afrique d'un bout à l'autre, mettre sur pied des nuées d'ennemis, tenir en échec la vieille réputation des armées françaises et fixer sur lui seul les regards du monde étonné.

II

De 1833 à 1844, la lutte eut lieu face à face. Aux victoires de l'Habra, de la Sikka, de Mazagran, de Mouzaïa, et à la prise de sa smala, Abd-el-Kader avait opposé la journée de la Macta, le traité de la

[1] 23 décembre 1847.

Tafna, la prise d'Aïn-Madhy, etc. Mais, quand l'enthousiasme se fut refroidi autour de lui, quand les rangs de ses généreux compagnons eurent commencé à s'éclaircir, force lui fut de changer sa tactique. C'est alors qu'on le vit, comme fait, dit-on, l'animal blessé qui veut détourner le chasseur de son repaire, commencer à fuir en se retournant, pour nous entraîner à sa poursuite et décimer ainsi nos troupes par la fatigue. A dater de ce moment, il ne joua plus le rôle d'agresseur que vis-à-vis des corps surpris en petit nombre, des convois de ravitaillement et des postes isolés; se contentant de harceler les arrière-gardes après quelque longue journée de marche, ou de paraître subitement au-devant d'une petite colonne, quand on le croyait au loin occupé à ranimer le fanatisme des tribus voyageuses.

Au milieu de ces événements, la renommée publia le récit du terrible drame des grottes du Dahara (17 juin 1845). La tribu des Oulid-Rhiah, qui, confiante dans le prestige attaché aux grottes imprenables du *Fréchi*, avait refusé de se soumettre au colonel Pélissier, avait été poursuivie, acculée dans ces cavernes, et brûlée au bois vert, avec les femmes, les enfants et les troupeaux, sans qu'un seul pût échapper à la mort.

Un long cri de deuil retentit dans toute l'Algérie. Aussi habile politique qu'intrépide guerrier, l'émir profita de l'occasion qui lui était offerte pour relever son drapeau. Justement le gouverneur général de l'Algérie, M. le maréchal Bugeaud, venait de partir en congé pour la France, et le *ramadan*, mois de pénitence et d'exaltation religieuse, allait s'ouvrir [1]. Abd-el-Kader commença par envoyer des émissaires dans toutes les tribus. Le fanatisme arabe peut sommeiller, mais il ne meurt jamais. Presque tous les douars de l'ouest répondent à son appel. Quelques tribus qui s'étaient signalées par leur soumission aux Français gardent seules la neutralité et appellent nos troupes à leur secours.

III

Le commandant de la province d'Oran, qui était alors M. le général de Bourjolly, informé de cette fermentation, s'était empressé de lancer plusieurs colonnes dans toutes les directions, et de donner l'alarme aux différents chefs de postes occupés dans la province, afin que chacun se tînt sur la défensive dans l'attente des événements qui se préparaient.

Grâce à ces précautions, quelques révoltes partielles avaient été aussitôt étouffées que nées : telles avaient été celles des Beni-Ferrit et des Beni-Manassers, terminées par l'exécution immédiate des fauteurs de l'insurrection ; tel le châtiment des Flit-

[1] Ce mois commençait en 1845, le 20 ou le 21 septembre.

tas, habitants des montagnes de la haute Mina, et celui des Traras dans la division de Tlemcen.

Enfin, vers le milieu de septembre 1845, quelques chefs des M'serda et des Souhalia, tribus soumises à la France, envoyèrent prévenir le commandant supérieur de Nemours (D'jemmâ-el-Ghazaouat) qu'Abd-el-Kader, à la tête de ses soldats réguliers, allait traverser l'oued *Kisr*, pour punir par une destruction complète les malheureuses tribus qui avaient reconnu la souveraineté de la France.

Le lieutenant colonel de Montagnac, qui commandait ce fort, était un preux de l'ancienne race; intrépide et généreux, il lui sembla indigne du nom français de laisser massacrer des hommes qui n'avaient commis d'autre crime que de s'abriter sous le drapeau national; et puis le vague espoir de se saisir du sultan, rêve caressé à cette époque par tout ce qui portait l'épaulette, se présentait à son esprit plein de décevantes illusions. Le malheureux commit la faute impardonnable, que ne ferait pas aujourd'hui le dernier adjoint de bureau arabe, de se mettre en route sur l'avis d'un simple cheik, sans avoir autour de lui aucun otage important dont la tête pût servir au besoin de garantie.

Or le chef des Souhalia, Trahari, était un traître, et le rêve glorieux du colonel Montagnac devait, comme tant d'autres, aller s'éteindre dans la mort.

IV

Dans la nuit du 21 septembre, M. de Montagnac, laissant le commandement de la place de Nemours au capitaine du génie Coffyn avec ce qui lui était justement indispensable de troupes pour la défendre, sortit avec le surplus pour voler au secours des alliés. Sa petite troupe comptait en tout quatre cent vingt hommes, dont douze officiers, à savoir : trois cent quarante-six hommes du 8e bataillon de chasseurs à pied, commandés par le chef de bataillon Froment-Coste, le capitaine adjudant-major Dutertre, le capitaine de Chargère, le capitaine Burgard, le capitaine de Geraux, le lieutenant de Chappedelaine, le lieutenant de Raymond, le sous-lieutenant Larrazet, et le docteur Rozagutti, médecin aide-major; — soixante-deux hommes du 2e régiment de hussards (2e escadron), commandés par le chef d'escadron Courby de Cognord, le capitaine Gentil-St-Alphonse et le lieutenant Klein; un interprète, M. Levi, et deux hommes du train.

Je voudrais pouvoir inscrire sur ce papier, et que ce papier fût de bronze, les noms des quatre cent vingt soldats qui suivaient ces treize chefs.

A dix heures du soir, par une nuit claire, la colonne se mit silencieusement en route. Ceux qui restaient regrettaient de rester ; ceux qui partaient étaient fiers de partir [1].

On marcha jusqu'à deux heures du matin. Rien ne semblait changé dans l'aspect du pays. C'était toujours le même sol aride semé d'alfa et de lentisques, les mêmes vallées profondes, les mêmes douars de tribus voyageuses, campées le long des cours d'eau, dont l'aspect se révélait uniquement par les aboiements des chiens de garde et la lueur des feux qu'on entretient autour pendant la nuit pour éloigner les bêtes féroces. A l'aurore la colonne s'arrêta sur le bord d'un ruisseau ; les hussards attachèrent leurs bêtes, les chasseurs à pied formèrent leurs fusils en faisceaux ; et joyeusement, comme s'il se fût agi d'une promenade, nous nous mîmes à faire le café, ce déjeuner précieux du soldat en campagne.

Cependant, tandis que nous fumions en devisant autour de nos feux de bivouac, nous vîmes arriver de différentes directions plusieurs cavaliers arabes isolés qui tous demandaient la tente du lieutenant colonel. Ils portaient autour de la tête le rameau vert de la paix ; mais ils paraissaient très-affairés. C'étaient de soi-disant messagers des tribus soumises qui venaient prévenir la colonne que l'émir s'avançait avec des forces importantes sur Bou-Djenan.

Le colonel appela aussitôt près de lui les deux officiers supérieurs Froment-Coste et Courby de Co-

[1] A. DUMAS, *le Véloce*, t. II, p. 8.

gnord. Il leur communiqua la nouvelle et leur demanda avis. L'avis fut de continuer la marche, et d'arriver, s'il était possible, assez à temps pour s'emparer d'Abd-el-Kader.

Après un repos de quelques heures [1], nous reprîmes donc vers le milieu du jour notre marche à travers la solitude, et à une heure de l'après-midi environ, nous arrivâmes à l'oued Tarnava, où l'on donna ordre d'établir le camp pour passer la journée.

De nouveaux messagers ne tardèrent pas à nous arriver. C'étaient les serviteurs mêmes de Trahari qui venaient prévenir M. de Montagnac, de la part de leur maître, que l'émir n'était qu'à quelques heures de distance, et que la tribu allait être taillée en pièces s'il ne se hâtait d'arriver à leur secours. En même temps, un exprès de M. Coffyn, commandant intérimaire de Nemours, apportait une lettre écrite de Lalla-Marnïa, par laquelle le lieutenant colonel de Barral, qui y commandait, lui réclamait trois cents hommes du 8e bataillon de chasseurs à pied pour aller appuyer le général Cavaignac en ce moment en opération chez les Traras.

Le colonel fit appeler une seconde fois MM. Froment-Coste et Courby de Cognord, et leur communiqua cette double nouvelle, en ajoutant d'une voix

[1] Le lieu de cette halte se nomme *Ganies*. Voir le *Moniteur* du 9 octobre 1845.

émue : « Messieurs, le colonel me demande trois cents hommes du 8e bataillon. Ce détachement réduirait nos forces à cent vingt hommes, et nous forcerait par conséquent à retourner sur nos pas ; ce qui serait une honte pour nous après l'avis que nous venons de recevoir, puisque nous aurions l'air d'abandonner nos alliés. Mon opinion est de conserver l'attitude que nous avons prise vis-à-vis d'Abd-el-Kader. Est-ce la vôtre ? »

L'avis des deux officiers fut conforme à celui du colonel.

M. de Montagnac répondit à M. Coffyn :

« Le 22 septembre, cinq heures et demie du soir,

» Mon cher capitaine, je ne puis donner les hommes du bataillon de M. Froment-Coste.

» Nous sommes entourés de goums[1] considérables composés de gens du Maroc ; nous avons eu quelques coups de fusil avec eux.

» Abd-el-Kader arrive ce soir à Sidi-Bou-Djenara.

» Je ne puis rejoindre Djemmâ-el-Ghazaouat sans exposer les Souhalia à une déroute complète.

» Je vais me tenir sur la ligne où je suis établi.

» Envoyez-moi demain des vivres pour deux jours, de toute nature, par les Souhalia, au bivouac sur l'oued Taouli.

[1] Attroupements armés.

» Faites toujours de même ; tenez-moi au courant de tout.

» Il faut huit mulets pour les vivres.

» Tout à vous.

» L. DE MONTAGNAC[1]. »

V

La lettre avait raison de parler de l'apparition subite des goums. Toute la soirée on ne cessa de voir sur toutes les crêtes voisines des cavaliers armés correspondant entre eux à l'aide de feux allumés et de manœuvres inintelligibles pour nous. Les émissaires de Trahari nous apprirent que c'étaient les hommes du khalife Bou-Hamedy, l'un des principaux lieutenants de l'émir. Pour s'en assurer, le maréchal des logis chef Barbut reçut ordre d'aller reconnaître ces groupes avec deux hussards ; mais à peine eut-il dépassé la ligne des vedettes qu'une quarantaine d'Arabes mirent leurs chevaux au galop pour tâcher de lui couper le chemin du camp et le forcèrent à coups de fusil à se replier précipitamment.

Il n'y avait plus à douter de l'intention des nouveaux venus. A la nuit tombante on remplaça les vedettes par de petits postes de grand'garde ; on

[1] *Moniteur universel* du 9 octobre 1845.

donna ordre de préparer tout pour lever silencieusement le camp vers onze heures du soir, et de disposer de grands feux, qu'on devait entretenir avec soin, pour faire croire à l'ennemi qu'on ne faisait aucun mouvement.

Mais avec un ennemi comme *les Arabes*, *toutes* ces précautions étaient inutiles. Nous n'avions pas *fait* cent *pas*, que *deux* coups de *feu tirés* sur l'arrière-garde vinrent nous avertir que notre ruse était éventée. Un instant après, un troisième coup éclata sur le flanc gauche de la colonne : nous étions observés de tous côtés.

Cependant la marche fut continuée sans autre accident jusqu'à l'oued Kavçor, où nous arrivâmes vers deux heures du matin pour bivouaquer. La distance parcourue n'était pas grande : depuis notre départ de Nemours, nous avions fait à peine cinq lieues.

Dirai-je que nous étions déjà fatigués et préoccupés au dernier point. Ces marches de nuit, cette incertitude dans les mouvements, ces attroupements suspects d'ennemis, notre petit nombre, la défense faite de fumer, de parler haut et d'allumer des feux, tout cela répandait une teinte anxieuse sur le visage des plus déterminés. On se visitait de groupe en groupe, car les tentes n'avaient pas été dressées; on s'abordait en secouant la tête, on comptait le nombre des coups de fusil qui se répondaient comme des signaux au sommet des montagnes voisines, en attendant le jour avec une anxiété fébrile. Le soleil parut enfin : les esprits se calmèrent; on put compter l'ennemi, qui sembla moins en force qu'on ne l'avait supposé; et pour faire diversion aux pensées tristes, le commandant de la colonne donna ordre de se préparer à l'attaque.

On convint que les compagnies Burgard et de Geraux (cent hommes environ) resteraient au bivouac sous les ordres de M. Froment-Coste, et que les autres cavaliers et fantassins, conduits par M. de Montagnac lui-même et M. Courby, marcheraient en avant pour explorer les lieux et reconnaître le nombre des cavaliers arabes.

VI

Il pouvait être six heures et demie du matin. La petite troupe se mit en route sans bruit. Nous espérions pouvoir opérer une partie du mouvement avant que l'ennemi s'en aperçût, grâce aux plis nombreux d'un terrain extrêmement tourmenté! Les hommes à pied étaient sans sacs; les cavaliers conduisaient leurs chevaux par la figure : mais toutes les précautions furent vaines. Nous n'avions pas marché vingt minutes que nous étions découverts. Une petite troupe de cavaliers arabes s'offrit d'abord à nous, faisant mine de vouloir gagner nos derrières pour nous couper la retraite. Emporté par son courage, le commandant en chef fit aussitôt mettre les hussards en selle et donna ordre à M. Courby de charger avec lui sur les Arabes. Mais la manœuvre de ceux-ci n'était qu'une feinte. Ils se laissèrent poursuivre l'espace d'une lieue environ, jusqu'au tournant d'une gorge derrière laquelle plus de deux cents autres cavaliers étaient en embuscade. M. de Montagnac comprit trop tard qu'on avait profité de son ardeur pour le séparer de son infanterie. Il n'avait avec lui que soixante hussards, et les crêtes voisines semblaient s'ouvrir de minute en minute pour vomir de nouveaux ennemis. Il n'y avait plus de victoire probable ni même de retraite possible ; chacun songea à bien mourir.

Les soixante martyrs furent divisés en deux pelotons. M. de Montagnac se mit à la tête de l'un, M. Courby prit le commandement de l'autre, et par des charges successives nourries d'une mousqueterie ardente, ils se mirent à faire des trouées dans la foule qui les entourait. Ce fut de part et d'autre une horrible boucherie. Au bout de dix minutes de combat, le capitaine Gentil-St-Alphonse était frappé mortellement d'une balle à la tête; le lieutenant Klein, couvert de blessures, s'affaissait sur son cheval et venait rendre le dernier soupir sur un rocher arrosé de son sang; le commandant Courby avait un cheval tué sous lui; et le colonel de Montagnac, avec une balle dans la poitrine, comptait avec désespoir ses compagnons dont un tiers avait déjà succombé.

Cependant, au pas de course, à travers les feux des tirailleurs ennemis, l'infanterie laissée en arrière au commencement de cette charge imprudente arrivait pressée du désir de partager les dangers et la mort glorieuse de tant de héros. A sa tête marchent le capitaine de Chargère, le lieutenant de Raymond, le sous-lieutenant Larrazet.

Les Français se rallient sur un petit mamelon ; ils ont au milieu d'eux le colonel de Montagnac, qui, malgré le sang qu'il perd, continue à commander d'une voix ferme. Le commandant Courby, sauvé par l'héroïsme du soldat Testard, qui a payé de sa liberté le dangereux honneur de remonter son chef avec son propre cheval, félicite et encourage ses cavaliers.

Aussitôt le combat recommence. Les fantassins à la baïonnette, les cavaliers à coups de sabre, font fuir devant eux l'ennemi épouvanté. Déjà la fortune semble sourire à un héroïsme digne des anciens preux ; déjà nous regagnons pied à pied le terrain si chèrement vendu : mais soudain, sur la plus haute crête, on voit flotter le drapeau blanc d'Abd-el-Kader. C'est l'émir lui-même qui s'avance entouré de ses réguliers pour se mesurer avec nous. Il descend de la montagne comme une avalanche, au galop de son cheval. Sa vue produit sur les fuyards l'effet d'une commotion électrique. Le combat recommence avec une nouvelle fureur. Au milieu d'une mêlée horrible, sur une terre couverte de sang, on n'entend plus que les cris lamentables des blessés et les hurlements sauvages des vainqueurs. Le sous-lieutenant Larrazet, frappé de deux coups de sabre à la tête, tombe évanoui au milieu des cadavres de ses soldats et devient la proie des ennemis. Le lieutenant de Raymond est tué à la tête de sa compagnie; le capitaine de Chargère, à qui un chef arabe propose de se rendre, répond par une parole que l'histoire pourrait inscrire à côté du mot célèbre de Waterloo, et il reçoit la mort au-devant de laquelle son héroïque courage l'avait poussé; le commandant Courby a un deuxième cheval tué sous lui, et son corps saigne de cinq blessures.

Depuis plus d'une heure, le colonel de Montagnac luttait contre la douleur et contre l'agonie. Il avait été obligé de mettre pied à terre; le sang qu'il perdait par sa blessure et qu'il avait vainement cherché à étancher en se servant de son mouchoir, avait épuisé ses forces. Se sentant défaillir dans les bras du chasseur Perrin qui le soutenait, il s'écriait encore: « Courage, enfants, les balles ne tuent pas. » Hélas! il était lui-même une cruelle protestation contre sa parole. A peine eut-il le temps de remettre le commandement au chef d'escadron Courby de Cognord. Il rendit le dernier soupir en prononçant le nom du commandant Froment-Coste.

Ce dernier appel était un ordre non moins funeste que le précédent. Depuis deux jours le colonel jouait de malheur. Le maréchal des logis Barbut partit au galop avec un hussard pour l'accomplir. « Les Arabes le virent s'éloigner et s'élancèrent à sa poursuite ; mais ils étaient obligés de tourner la montagne, tandis que lui suivait le ravin. Plus de trois cents coups de fusil lui furent tirés. Un seul atteignit le cheval du hussard. Ce fut au milieu d'une traînée de flammes et de fumée qu'ils disparurent dans la direction du bivouac.

Le commandant Froment-Coste avait entendu la fusillade ; il était prêt à se mettre en marche. Il abandonna les bagages au capitaine de Géraux et à ses carabiniers, et partit au pas de course, emmenant avec lui les soixante hommes de la compagnie Burgard.

On entendait les hurlements frénétiques des Arabes, et au milieu de la fusillade, les décharges régulières de ceux que le chef d'escadron Courby commandait encore.

« La petite troupe avait fait un quart de lieue à peu près lorsqu'elle aperçut le hussard Metz qui se défendait contre deux Arabes. C'était le reste des cinq qui l'avaient poursuivi au moment où il pansait son officier, M. Klein, tombé dès le commencement de l'action. Il s'était défendu d'abord avec les pistolets de son officier, ensuite avec le sien, ensuite avec sa carabine, et enfin avec son sabre. A l'approche de la compagnie conduite par M. Froment-Coste, les Arabes prirent la fuite. » Le vainqueur s'assit sous un arbre pour attendre les Français; il était épuisé. M. Froment-Coste le proposa pour exemple aux siens; *et faisant un dernier effort*, Metz se mit à courir avec eux.

« Au bout d'une demi-heure de marche, la fusillade, qui avait toujours été se ralentissant, cessa tout à fait. M. Froment-Coste s'arrêta; il comprit que tout était fini : ceux au secours desquels il allait étaient morts. »

Un hussard couvert de sang, qui accourait de toute la vitesse de son cheval, confirma ces tristes pressentiments.

M. Courby de Cognord, avec ce qui lui restait de chasseurs à pied et de cavaliers démontés, avait fait des prodiges de valeur. Ces soixante hommes au plus avaient résisté pendant une heure et demie à cinq mille ennemis combattant sous les regards de leur chef le plus redouté. « J'encourageais mes hommes par l'espoir du secours que nous attendions, dit-il lui-même dans son rapport[1]; mais nous étions toujours serrés de plus en plus par les masses. A chaque instant quelqu'un de nous tombait mortellement blessé; à la fin j'étais arrivé à n'avoir plus que douze

[1] *Moniteur* du 28 octobre 1845.

ou quinze combattants; dans ce moment je reçus trois coups de feu qui me firent tomber. Ne voyant plus d'officiers, les Arabes poussèrent de grands cris, chargèrent la position dans toutes les directions et nous l'enlevèrent. Quelques instants après je fus relevé sans connaissance du champ de bataille, ayant encore reçu deux coups de yatagan, et emporté prisonnier par un capitaine de spahis réguliers.

» Le commandant Froment-Coste, voyant son appui devenu inutile, ordonna aussitôt la retraite. On n'avait qu'une chance de salut : c'était de regagner le camp et de se réunir à la compagnie de Geraux. On fit volte-face. Mais en apercevant ce mouvement, les vainqueurs se répandirent dans la plaine au grand galop de leurs chevaux. En un instant la compagnie fut entourée. Le chef de bataillon n'eut que le temps de commander le carré. La manœuvre s'exécuta sous le feu de cinq mille Arabes, comme elle se fût exécutée au champ de Mars. De tous ces hommes, un seul donna non pas un signe de crainte, mais une marque de regret. C'était un jeune chasseur de vingt ans, nommé Ismaël; il s'écria : « O mon » commandant, nous sommes perdus! » Le commandant sourit au pauvre enfant; il comprit qu'à vingt ans on connaissait si peu la vie qu'on aurait bien le droit de la regretter. « Quel âge as-tu? » demanda le commandant. — Vingt et un ans, » répondit-il. — Eh bien, tu auras donc à souffrir

» dix-huit ans de moins que je n'ai souffert ; re» garde-moi, et tu vas voir comment on tombe, » le cœur ferme et la tête haute. » Il n'avait pas achevé qu'une balle le frappait au front et qu'il tombait comme il avait promis de tomber. »

« Mes enfants, dit le capitaine Burgard en prenant le commandement de la compagnie, apprêtons-nous à faire comme lui. »

Derrière les broussailles et les rochers d'un mamelon escarpé, la petite troupe, que chaque décharge diminue, essaie encore de se défendre ; mais c'est en vain. Au bout de cinq minutes, le brave capitaine tombe percé d'une balle à la cuisse, et à coups de sabre les ennemis l'achèvent. Le capitaine adjudant major Dutertre est enveloppé et fait prisonnier. L'adjudant Thomas s'écrie : « La France nous regarde ; mourons sur le corps de nos officiers. » Mais sa voix est couverte ; on n'entend plus que le râle de l'agonie, puis le silence de la mort. Pour la troisième fois depuis le matin, les Arabes purent crier victoire. De toute notre pauvre colonne, il ne restait plus debout que la compagnie du capitaine de Geraux, laissée à la garde du camp.

VII

Tout cela s'était passé à quelques lieues seulement

de Nemours (Djemmâ-el-Ghazaouat) et de Lalla-Marnîa.

« Le 23, vers huit heures du matin, dit le chef d'escadron de Martimprey dans son rapport, on entendit distinctement de Djemmâ-el-Ghazaouat une fusillade très-vive dans la direction de Sidi-Brahim, qui dura à peu près trois heures et cessa complétement. Le capitaine Coffyn fit rentrer le troupeau, prendre les armes, laissa le commandement au capitaine Bidon, et à neuf heures il se mit en marche dans la direction du feu, emmenant avec lui cent trente hommes d'infanterie et seize hussards commandés par le sous-lieutenant Roux qu'il poussa en avant.

» A hauteur de Gamis, cette avant-garde aperçut de nombreux cavaliers, les reconnut bientôt, fut chargée et dut se replier sur l'infanterie. Le mouvement de retraite était commandé par les circonstances. Les crêtes voisines se couvraient d'ennemis. M. Coffyn regagna la place qu'il importait avant tout de garantir, et s'empressa d'y organiser tous les moyens de défense.

» Mais la plus cruelle incertitude régnait sur le sort de la troupe du colonel Montagnac, au milieu des récits divers des gens du pays. Enfin, le 24, à dix heures du soir, on vit arriver un hussard du 2e (le nommé Davanne) démonté, accablé de fatigue et de besoin, qui avait dû se traîner sur les genoux pour atteindre le fort. Son esprit était fortement frappé.

Il raconta qu'échappé au grand désastre de la veille, il avait vu périr toute la colonne[1]. »

A Lalla-Marnïa, les choses se passèrent à peu près de même. « Le 23, dit un témoin oculaire, nous entendîmes des détonations nombreuses et sourdes; le son était étouffé aussitôt que produit, et semblait indiquer qu'on déchargeait des armes sur une butte de terre. Il y avait entre Lalla-Marnïa et Nemours une petite colonne (celle du colonel de Barral) qui parcourait le pays; quelques officiers du 10e chasseurs à pied qui gardait la redoute pensèrent qu'elle était engagée; d'autres soutinrent qu'elle s'exerçait à la cible dans une gorge à courte distance. Bref, le personnel de la redoute, presque entièrement composé de malades minés par la fièvre, était préoccupé et anxieux, lorsque, le lendemain 24, un chasseur du 8e bataillon arrive en fuyard à la redoute, et dit simplement : « Le bataillon a été massacré hier; il » été surpris par des masses arabes. J'étais resté en » arrière par suite d'indisposition; en rejoignant j'ai » vu le carnage du haut d'un mamelon. Il n'y avait » presque plus d'hommes debout sur les faces du » carré. Je me suis caché, et la nuit j'ai marché » dans la direction de Lalla-Marnïa. Mes pauvres » camarades, bien sûr, il n'en reste plus un seul[2]. »

Cependant, comme je l'ai dit, le capitaine de

[1] *Moniteur* du 9 octobre 1845.

[2] HUGONNET, *Spectateur militaire de* 1859, t. I, p. 440.

Geraux, le lieutenant de Chappedelaine, le médecin aide-major Rosagutti, et avec eux la compagnie des carabiniers du 8e à pied, étaient restés à la garde des bagages. La consigne militaire leur défendait également de se porter en avant pour venger les morts et de battre en retraite pour regagner Nemours. Ils demeurèrent stoïquement l'arme au pied pendant trois heures. La fumée, les mamelons et les ravins les empêchaient de voir le carnage qui se faisait à une lieue d'eux; mais le vent leur apportait le bruit des détonations, et chaque coup de fusil était un cri qui retentissait douloureusement dans leur cœur. Enfin les mêmes indices qui avaient annoncé au commandant Froment-Coste la destruction du détachement du colonel Montagnac, apportent au capitaine de Geraux la nouvelle que celui du commandant vient également de succomber.

« On entendit par degrés s'éteindre la fusillade; puis le silence lui succéda, troublé seulement par les cris des vainqueurs; puis enfin la fumée monta lentement vers le ciel rougi. Le capitaine de Geraux comprit alors qu'il avait avec lui le reste de la colonne. »

A cinq cents pas de lui, dans la plaine, se trouvait le marabout de Sidi-Brahim. Les Arabes donnent ce nom à un petit monument carré couvert d'une coupole et entouré d'une cour murée, qui sert de sépulture aux personnages illustres de leur religion.

On en trouve un très-grand nombre répandus dans toutes les solitudes de l'Algérie. Celui-ci avait pour enceinte une muraille d'un mètre et demi de hauteur à peu près.

D'un coup d'œil le capitaine voit que la retraite est impossible et que le marabout ne le sauvera pas de la mort; mais son occupation pourra permettre aux siens de vendre chèrement leur vie et peut-être d'attendre un secours inespéré.

A sa voix les carabiniers s'y précipitent, l'emportent et s'y organisent pour la défense. Avant que les ennemis qui accourent du champ de bataille aient eu le temps de l'entourer, il arrache une feuille de calepin, y trace à la hâte quelques notes pour le commandant de Nemours, les jette à un cavalier arabe qui lui semble providentiellement demeuré fidèle à notre cause, et se met en devoir de répondre, avec les quatre-vingts braves qui l'entourent, à la fusillade de plus de trois mille individus qui arrivent pour cerner le marabout.

Au milieu de la fusillade, une masse de cavaliers s'avance jusqu'à quatre cents pas du marabout, s'entr'ouvre et laisse voir l'émir en personne qui vient de quiter le champ de bataille. Son aspect fait cesser le feu instinctivement de part et d'autre. Un cavalier prend de ses mains une dépêche, jette ostensiblement ses armes, et s'approche du marabout élevant la lettre au-dessus de sa tête.

Le capitaine de Geroux la prend et la lit à haute voix. C'est une note écrite sous la dictée du vainqueur par l'adjudant Thomas : « Abd-el-Kader, y est-il dit, invite les assiégés à se rendre, il leur fait savoir qu'il a déjà plusieurs prisonniers et que tous seront bien traités. — Va dire à ton maître, répond le jeune héros, que mes hommes ont encore des cartouches et qu'ils les rendront une à une au bout de leur fusil. »

En même temps un des braves qui sont autour de lui, le caporal Lavaissière, d'une ceinture rouge et d'une cravate bleue improvise un drapeau et, au milieu des acclamations de ses camarades, le plante au sommet du marabout. Le drapeau pour le soldat français, c'est la gloire de la patrie, et, en mourant, il aime à s'envelopper de ce linceul.

Cependant, comme l'héroïsme est un langage que tous les peuples comprennent, l'émir hésite à commander le feu sur cette poignée de braves. Il choisit parmi ses prisonniers un de ceux qui sont revêtus du plus haut grade, l'adjudant-major Dutertre, et le fait conduire à la porte du marabout pour engager de Geraux à se rendre, sous peine d'avoir la tête tranchée, lui et les siens. Dutertre s'avance, et, l'âme pleine de mâles vertus des anciens Romains, d'un trait il burine son nom dans l'histoire, en s'écriant comme eût fait Curtius : « Malgré les injonctions et les menaces d'Abd-el-Kader, je vous exhorte à ne pas vous rendre ; mourons tous, s'il le faut, jusqu'au dernier. »

Il paya de sa vie ce noble conseil ; mais, en commandant le feu, Abd-el-Kader détourne la tête, et pour ne pas assister au massacre des héros qu'il était si bien fait pour comprendre, il donne ordre d'aller asseoir son camp plus loin, remettant à un lieutenant subalterne le soin d'accomplir les deux nécessités de la justice militaire musulmane.

La nuit était venue surprendre les péripéties de ce drame sanglant. Dans leurs habitudes, les Arabes restent *inoffensifs* pendant la nuit : il ne se battent que le jour. Ayant donc par précaution formé un cercle de gens armés autour du marabout, ils dressèrent leurs tentes et s'établirent à l'entour. Peut-être avaient-ils reçu ordre de se montrer cléments et d'attendre deux auxiliaires qui ne pouvaient leur manquer : la faim et la soif.

De son côté le capitaine de Géraux attendait. La lettre écrite par lui n'était qu'un bien faible espoir ; mais quelque fuyard pouvait aller porter la nouvelle dans une des deux redoutes ou à la colonne expéditionnaire voisine, et il connaissait le dévoûment des troupes d'Afrique.

J'ai déjà dit de quelle manière et en quels termes la nouvelle de l'affreux désastre du 23 juin fut portée à Nemours et à Lalla-Marnïa. Quant à la lettre, son histoire nous a été conservée par M. Hugonnet, l'un des témoins oculaires. « Dans l'après-midi du lendemain du jour où le bruit de la fusillade avait frappé nos oreilles, dit-il, et quelques heures après avoir entendu le récit du chasseur qui avait échappé à la mort, il nous arriva une lettre annoncée comme venant du capitaine de Géraux et écrite soi-disant dans le marabout de Sidi-Brahim. C'est un jeune Arabe qui l'apportait. De Géraux disait : « Je suis enfermé dans le marabout avec ma compagnie de carabiniers, je n'ai plus de vivres; apportez-m'en, essayez de me dégager. » Cette lettre, aussitôt montrée à tous les officiers, fut lue et commentée en commun; plusieurs qui connaissaient la signature du capitaine déclarèrent que celle qui était au bas de la lettre ne ressemblait en rien à son écriture. D'autres hésitaient à admettre qu'au milieu de cavaliers ennemis il eût pu se trouver un jeune homme assez dévoué à notre cause pour risquer sa tête dans une pareille mission. Au contraire tout s'expliquait par cette seule supposition qu'Abd-el-Kader avait fait écrire de force par quelque prisonnier une lettre au nom de de Géraux qui nous attirât nous aussi dans un piége. Bref, on ne bougea pas. »

Le secours du 10e bataillon de chasseurs, décimé par la maladie, et comptant alors tout au plus cent cinquante à deux cents hommes en état de marcher, n'aurait probablement rien changé à la destinée des assiégés du marabout que quatre mille hommes entouraient ; mais il n'arriva pas : ce fut vainement qu'on l'attendit.

Pendant deux jours entiers de Géraux et ses malheureux compagnons restèrent les yeux tournés dans la direction de Lalla-Marnïa, sans pain, sans eau, presque sans munitions. Fidèles à la consigne de l'émir les Arabes n'attaquaient plus. « Stationnaires à leurs postes, ils annonçaient seulement de temps en temps par quelque décharge qu'ils veillaient. »

« Le 26 à six heures du matin, dit A. Dumas qui a recueilli ce récit de la bouche même des acteurs, tout espoir de voir arriver du secours étant perdu, le capitaine de Géraux annonce que l'on va faire une trouée et marcher sur Nemours. Il y a quatre lieues à traverser. Des milliers d'Arabes sont éparpillés sur les quatre lieues comme les pièces d'un immense échiquier. Les hommes sont épuisés ; mais n'importe, la nécessité inexorable, la nécessité qui traîne la soif d'une main et la faim de l'autre, la nécessité ne les pousse-t-elle pas hors de leur abri ?

» Par cette décision on va au-devant de la mort au lieu de l'attendre. Nemours renferme quelques troupes ; peut-être y aura-t-il moyen de faire prévenir M. Coffin, peut-être sera-t-on aidé dans cet effort suprême.

» On charge les fusils silencieusement, on s'apprête avec le moindre mouvement possible.

» Tout à coup les cinquante-cinq ou soixante hommes qui restent de cette colonne, se lèvent, franchissent les murs du marabout sur les quatre faces, et se précipitent au pas de course sur le premier poste qui est enlevé. Pas un coup de fusil n'a été tiré par nos soldats pendant cette lutte : pas un homme n'est tombé.

Mais les Arabes, étonnés de cette aggression impossible, se rallient bientôt; l'éveil est donné dans toutes les directions; la fusillade, que la stupeur a fait taire un instant, s'engage, pétille, éclate; tout le camp se met à la poursuite de cette poignée de héros.

La résolution du capitaine de Geraux, dit un homme compétent en ces matières, est un exemple fort rare dans les fastes de la guerre. On voit souvent, en effet, des fractions d'armées enfermées dans une position quelconque ne pas vouloir se rendre et arriver, sans céder, à la mort par inanition ou par la main de l'ennemi; mais aller au-devant d'une fin certaine, entreprendre de percer un adversaire beaucoup plus fort, et cela lorsque déjà on est affaibli par les privations, c'est là un fait extrêmement peu commun et qui glorifie à tout jamais celui qui l'a entrepris.

Il ne fallait pas moins de cinq heures pour gagner Nemours, au pas que pouvaient marcher des hommes qui depuis trois jours n'avaient pour ainsi dire pas mangé et qui s'étaient vus forcés de boire leur urine faute d'eau. Nul doute qu'il eût été extrêmement facile aux masses de cavalerie ennemie d'écraser d'un choc une si petite troupe. Cependant on ne peut s'empêcher d'être frappé de cette remarque, que pendant les deux premiers tiers de la route il ne fut tué que cinq ou six Français ; et il ne serait pas étonnant qu'une pareille conduite de la part d'ennemis ordinairement si ardents à la poursuite fût un résultat de cette admiration qui avait frappé Abd-el-Kader, et qui fait qu'un homme hésite à achever son ennemi vaincu quand celui-ci s'est noblement conduit.

Il y avait pour la retraite deux passages difficiles à franchir, deux ravins très-dangereux.

Au premier, pendant un instant de halte, le capitaine de Geraux est mortellement blessé, et deux ou trois homme tombent près de lui. Mais tout épuisés qu'ils sont, les chasseurs ne veulent point abandonner leur chef ; ils le chargent sur leurs épaules et le portent à quatre : glorieux pavois bien digne d'un pareil soldat ! Le lieutenant de Chappedelaine, fils d'une famille guerrière de la vieille Bretagne, prend le commandement et s'empare d'un fusil pour faire un combattant de plus. Puis la marche recommence.

N'est-ce pas une trace merveilleuse à suivre, que celle de cette poignée de soldats, faciles à reconnaître à leur uniforme, au milieu de cette nuée d'Arabes qui les poursuivent sans cesse et que sans cesse ils repoussent ?

Le ruisseau qui coule au fond de la vallée de l'oued Ziri est le second point difficile à franchir. Mais ce ruissseau, c'est le même qui arrose les murs de Nemours. Dans un instant on va apercevoir les murs de la forteresse ; les tribus qui habitent cette vallée sont connues d'eux tous ; ils ont cent fois dormi sous leurs tentes, cent fois partagé leur *diffas* (festin) : nul doute qu'ils ne s'empressent de leur ouvrir les bras...... Espérances vaines. Les amis d'hier sont aujourd'hui des insurgés ; ce sont des ennemis plus terribles que ceux qui suivent depuis Sidi-Brahim, car ils ne connaissent pas les hauts faits de ces glorieux débris qui les implorent. Ils accourent de leurs *douars* (assemblées de tentes), ils les entourent, ils font feu sur eux. Le lieutenant de Chappedelaine reçoit une balle dans le flanc et tombe, puis les quatre porteurs du capitaine et le cadavre, puis le médecin Rosagutti. Il n'y a plus d'officiers, plus de cartouches, plus d'espérance. Les malheureux jettent leurs fusils qui les embarrassent, se disent un dernier adieu et, la baïonnette au poing, se précipitent tête baissée au milieu des Arabes. Les uns tombent morts, les autres se jettent dans les broussailles, où ils pénètrent en rampant ; d'autres arrivent jusqu'à Nemours, où ils sont recueillis mourants par le docteur Artigues. Quinze seulement, parmi lesquels était l'interprète Levy, restent prisonniers entre les mains des Arabes. Des quatre-vingts héros de Sidi-Brahim, cinquante étaient allés rejoindre leur capitaine dans le tombeau.

VIII

Le soir du jour du premier combat, autour du commandant Courby de Cognord et du cadavre du commandant Froment-Coste, quatre-vingts prisonniers, tant hussards que chasseurs, avaient été pris. J'étais de ce nombre.

J'ai dit comment M. Courby avait dû la vie au chef Bou-Hamedy, khalifat de l'émir, au moment où un cavalier se disposait à lui couper la tête. Couper la tête d'un ennemi à terre, c'est, pour les Arabes, le suprême bonheur de la victoire !

L'adjudant Thomas et le maréchal des logis Barbut furent bien près d'avoir le même sort. Déjà ils étaient dépouillés de leurs vêtements par des cavaliers avides, et couchés à terre pour être décapités, lorsque par bonheur Kada-Ben-Achemy, capitaine des spahis réguliers d'Abd-el-Kader, vint à passer, et les prenant pour des gens d'importance à cause des galons de leurs dolmens, dispersa les assassins du plat de son sabre et les garda sous sa protection.

Quant au sous-lieutenant Larrazet, on s'était contenté de le dépouiller de ses vêtements, en lui laissant son caleçon pour tout bien.

Pour nous, vile multitude, on n'y mit pas tant de façons. On nous garda comme un troupeau, pendant que les vainqueurs achevaient de dépouiller les morts et de couper leurs têtes; et quand la moisson fut achevée, quand il ne resta plus un cadavre entier sur ce sol rougi de notre sang, on nous poussa vers l'endroit où était dressée la tente de l'émir. Déjà aux deux côtés de l'entrée de cette tente deux monceaux de têtes sanglantes étaient jetées à terre. Quelques cavaliers du khalifat descendaient M. Courby, presque sans connaissance, du mulet sur lequel ils l'avaient apporté, et le présentaient à Abd-el-Kader.

Je n'avais jamais vu l'émir. Il m'apparut dans l'auréole de la victoire, avec une majesté qui me fit oublier un instant à quel rôle nous étions destinés près de lui. Une plume plus habile que la mienne a décrit de lui le portrait suivant, qui est d'une exactitude remarquable :

« Abd-el-Kader est un homme à la taille ordinaire mais bien prise, marchant avec lenteur, les yeux baissés, le dos un peu voûté, avec l'attitude du recueillement et de la méditation, tenant à la main un chapelet à gros grains, selon l'usage des pieux musulmans. Sa physionomie est douce et sereine, son sourire mélancolique et même triste. Sa parole est brève, son élocution est facile, le timbre de sa voix est grave. Toute sa personne est séduisante; il est impossible de le connaître sans l'aimer. Son costume ne diffère de celui des cheiks arabes que par la couleur du burnous, qui est violet. Sa barbe, épaisse et noire, descend à mi-poitrine. A la racine du nez il a une petite marque de tatouage, signe commun à tous les membres de la tribu des Hakem-Cheraga. Sous cette allure calme, modeste, recueillie, méditative, se cache une valeureuse intrépidité, une fierté orgueilleuse, une infatigable activité, une intelligence supérieure; en un mot, une de ces âmes fortement trempées dont la mission semble devoir être d'assurer le triomphe d'un principe ou de mourir à la peine. »

Au moment où nous lui fûmes présentés, il était assis par terre au milieu de ses khalifats. Entièrement vêtu de laine blanche et un chapelet à la main, il dictait d'une voix émue à son secrétaire des lettres que de nombreux cavaliers attendaient en rajustant leurs harnachements pour aller annoncer aux tribus les plus éloignées la défaite des Français et le triomphe de la loi du Prophète. Dans le feu de son triomphe, il semblait ne faire aucune attention à une blessure qu'il avait reçue à l'oreille gauche, dont une balle avait enlevé le lobule, et qui saignait abondamment sur ses vêtements. Sa physionomie reflétait un feu ardent exprimé par le jeu de ses prunelles, et son teint animé témoignait assez des fatigues de la journée.

La réunion des prisonniers couchés ou debout

devant lui offrait un spectacle saisissant auquel il ne parut pas d'abord faire une bien vive attention. A peine pouvions-nous reconnaître nos camarades dans ces hommes défigurés, couverts de sang, réduits pour la plupart à envier au sous-lieutenant Larrazet son modeste vêtement. Presque tous les visages exprimaient la honte et l'anxiété. Il est si pénible d'être prisonnier, et si cruel d'attendre à chaque instant le signal de sa propre exécution !

Quand il eut achevé de dicter des lettres, l'émir nous adressa quelques paroles que je n'entendis pas ; puis, étant monté à cheval, il donna ordre qu'on conduisît M. Courby de Cognord dans la tente d'un de ses officiers, et fit signe de parquer tous les autres prisonniers dans un petit bouquet d'arbres qui se trouvait dans les environs ; après quoi il partit au grand galop de son cheval.

Nous avons su depuis pourquoi il nous avait ainsi brusquement abandonnés. C'était pour descendre jusqu'à Sidi-Brahim exhorter M. de Geraux à quitter son marabout et à se rendre. Mais dans le moment où elle eut lieu, cette brusque disparition nous sembla à tous le signal de la mort. Le génie est un aimant qui attire tout à soi. A peine avions-nous entrevu le fameux Abd-el-Kader, que déjà nous subissions son influence ; son voisinage et son autorité nous semblaient une sauve-garde. C'est que, lui présent, nous représentions la France, c'est-à-dire une grande nation dont le nom nous servait d'égide ; tandis que, sans lui, nous n'étions plus qu'un troupeau d'esclaves entre les mains d'un féroce vainqueur.

Nous étions en ce moment tellement persuadés que nous touchions à notre dernière heure, que l'un de nous s'écria : « Embrassons-nous, amis, avant d'aller rejoindre nos frères ! » Alors les adieux commencèrent, touchants et tristes, pleins à la fois de recours à Dieu, de résignation et de regrets, comme doivent être ceux de gens qui meurent jeunes, loin de leur famille, avant d'avoir vécu, mais le cœur plein de l'enthousiasme d'une noble cause.

Assis au pied d'un arbre qui me protégeait à peine des rayons encore vifs du soleil du soir, je demeurai longtemps absorbé dans les plus amères pensées. Combien en ce moment funeste je regrettais le sort de ceux de mes camarades qui étaient morts les armes à la main au milieu des enivrements du combat ! et quelles pieuses larmes je versais en pensant à la désolation que la nouvelle de ma mort allait causer dans ma pauvre famille, dans la chaumière de mon vieux père qui tant de fois s'était plu à considérer en moi le soutien de ses dernières années!

Mais nos craintes étaient vaines, personne n'en voulait à notre vie. Vers le soir on nous fit sortir du bois ; une bonne escorte nous dirigea par des chemins que nous n'avions jamais parcourus, et nous fûmes fort surpris de nous trouver, après un trajet si court, à l'emplacement même où nous avions campé la veille, et dont trois cents de nos frères étaient partis le matin pleins de vie, qui gisaient maintenant dans la mort.

Mon Dieu, comme une journée quelquefois peut paraître longue !

La tente d'Abd-el-Kader était dressée en ce lieu pour y passer la nuit. Autour d'elle les tentes de ses cavaliers occupaient un espace immense, et le ciel était éclairé de leurs feux.

Ils riaient et poussaient des cris de joie, tandis que nous étions mornes et abattus. Quoi de plus naturel ? la gloire de la journée était pour eux.

Sur quatre-vingts prisonniers que nous étions, soixante-deux étaient blessés. On permit aux plus malades de se coucher dans l'herbe sèche ; on nous distribua un peu d'eau, car nous mourions de soif, n'ayant fait que combattre sans rien prendre depuis le matin ; on voulut y joindre un peu de nourriture, mais l'estomac se refusa à la prendre. Alors, pour ceux de nous qui n'étaient pas hors d'état de marcher, commença l'horrible apprentissage de la servitude.

Pendant presque toute la nuit, notre occupation (qui le croirait ?) fut de laver au ruisseau voisin les têtes sanglantes de nos camarades qu'on avait rapportées du champ de bataille. Chacun s'acquitta en priant de cette douloureuse mission. Nos larmes, plus que l'eau du torrent, enlevaient de ces tristes restes le sang et la poussière dont ils étaient souillés ; mais l'agonie avait tellement défiguré leurs traits que nous cherchions en vain à les reconnaître. Ce n'est qu'avec beaucoup de peine qu'on put retrouver les têtes de M. de Montagnac, de M. Gentil-St-Alphonse et de M. Klein ; celles de MM. Froment-Coste, Burgard, de Raymond et de Chargère ne furent pas reconnues.

Quand le lavage fut achevé, on nous ordonna de les enduire de graisse et de miel pour les conserver, et on nous les fit disposer par vingt, en piles, comme des boulets dans un parc d'artillerie. L'usage arabe veut que ce soit par la vue de ces hideux trophées que les vainqueurs fassent part de leurs triomphes à leurs alliés.

Alors seulement on nous permit de prendre notre part de repos dans les coins des plus mauvaises tentes, pêle-mêle avec les animaux domestiques.

Les Arabes passèrent la nuit à psalmodier des hymnes de victoire et des cantiques d'action de grâces.

Le lendemain, avant que le jour parût, le signal du départ fut donné. Pendant qu'on réunissait les prisonniers pour les compter devant la tente de l'émir, notre attention fut attirée par un spectacle navrant.

Quelques cavaliers d'une tribu voisine arrivaient en traînant après eux un homme entièrement nu, lié par le cou à une corde dont l'autre bout était attaché à l'arçon de selle d'un cheval que le malheureux ne pouvait suivre. C'était le hussard Metz, qui, après s'être échappé au dernier effort de la lutte, avait été repris et arrêté par les Souhalia. Son corps était couvert de meurtrissures et de plaies occasionnées par sa course forcée à travers les broussailles et les pierres, à la suite de son féroce guide. Il nous raconta qu'il avait été garrotté toute la nuit; qu'au point du jour, apercevant près de lui un cheval sellé, il était parvenu à se débarrasser de ses liens pour s'élancer dessus et fuir; mais on l'avait aperçu au moment d'accomplir son dessein et on l'avait attaché par le cou pour l'amener à l'émir. Abd-el-Kader revit cette nouvelle victime sans témoigner la moindre satisfaction. Il lui fit rendre son pantalon et un lambeau d'étoffe pour se couvrir les épaules, et fit signe qu'on le joignît à nous.

Vingt mulets portant des paniers vides étaient destinés aux prisonniers les plus malades; mais au fond de ces paniers on commença par entasser les têtes que nous avions préparées pendant la nuit; en sorte que les pieds des mourants reposaient sur les têtes des morts. Au commandant Courby seul on avait réservé un mulet sans surcharge. Au moment de partir, voyant que les montures ne suffisaient pas au nombre des blessés, et malgré les cinq blessures dont lui-même était atteint, ce brave officier fit monter à sa place un pauvre malheureux qui était criblé de plaies, et il s'apprêta à marcher à pied, préludant ainsi à l'héroïque dévouement qu'il ne cessa de nous prodiguer à tous pendant toute la durée de notre captivité.

Le soin de nous servir d'escorte fut confié à un certain Mohammed qui nous entoura de goums à pied et à cheval. Abd-el-Kader marcha de concert avec nous pendant une heure environ ; puis il tourna subitement bride et prit la route de Nedroma avec un parti nombreux de cavaliers.

Nous marchâmes tout le jour sous un soleil de feu, dévorés par la soif et la fièvre. Ceux qui ne pouvaient suivre avaient beau supplier ; à coups de crosse de fusil et de *matraque* (bâton noueux) on les forçait à marcher. Nous ne fîmes même pas de halte ; on eut dit que nous étions poursuivis. A la nuit enfin, après avoir traversé les frontières marocaines, nous aperçûmes au haut d'un piton desséché quelques huttes de terre ; c'était notre gîte d'étape. Nous étions chez les Beni-Snassen, ces redoutables maraudeurs qui n'étant soumis ni au Maroc ni à la France, ont pour principe de vivre aux dépens de l'un et de l'autre.

Ceux chez qui nous arrivions étaient sans doute prévenus. La vue des prisonniers, dont la moitié au moins grelottaient la fièvre et étaient encore tout couverts de sang, ne parut leur causer aucune surprise ; ils apportèrent de leur pas habituel le cous-

cousse et l'eau qui nous étaient nécessaires, sans que leur figure trahît la moindre émotion. Si quelqu'un de nous, à prix d'argent, leur demandait quelque aliment moins grossier, ils repondaient en secouant la tête, *macach* (non), et se retiraient en se drapant dans leurs haillons ; car ils étaient fort pauvres, et leurs habitations donnaient une triste idée du talent extraordinaire de vol et de piraterie dont on gratifie leurs pareils.

Deux d'entre eux seulement parurent s'apitoyer sur notre sort: c'étaient des Espagnols déserteurs qui en abjurant la religion chrétienne avaient pris de celle de Mahomet ce qu'elle a de plus mauvais. Le maréchal des logis Barbut, en leur montrant des pièces d'argent, les avait priés d'aller par le village acheter quelque mouton ou quelques poules pour faire un peu de bouillon à ceux de nos camarades qui souffraient le plus. Les renégats prirent l'argent, mais ils n'apportèrent point les provisions, et nous ne les revîmes plus.

Pendant la nuit, un chasseur du 8e bataillon mourut de ses blessures. Son corps fut abandonné, et sa tête coupée fut réunie dans le fatal panier à celles de ses camarades.

Le lendemain nous reprîmes notre route, nous devions aller rejoindre sur les bords de la Moulouïa, la *deïra* (famille) d'Abd-el-Kader. La route n'offrit rien de remarquable, sinon que nous voyageâmes encore tout le jour sans eau, que deux de nos malades succombèrent et eurent leurs têtes coupées, et que dans un passage difficile, plusieurs des mulets qui portaient ces chères dépouilles ayant perdu pied et roulé dans les ravins, on nous arrêta plusieurs heures à les ramasser dans les broussailles et à les remettre dans leurs paniers.

La journée ne fut pas assez longue pour atteindre le but qu'on s'était proposé. Il fallut s'arrêter à une demi-lieue de la Moulouïa, et l'on établit le bivouac à la proximité de quelques douars marocains dont les femmes curieuses et compatissantes sortirent de leurs tentes pour venir apporter quelque soulagement aux plus malades de nos pauvres blessés. La marche de cette journée avait été tellement rapide, tellement précipitée, faite par des chemins si impraticables, que nous n'y avions pas trouvé une goutte d'eau. On conduisit ceux d'entre nous qui pouvaient encore marcher, jusqu'à la rivière, où ils burent, et d'où ils rapportèrent à boire à ceux qui n'avaient pu les suivre.

Enfin, le troisième jour, vers neuf heures du matin, après soixante-dix heures de captivité, nous aperçûmes, à travers les jujubiers, les tentes si ardemment désirées de la *deïra*.

C'était le 26 septembre, Abd-el-Kader était absent. Nous sûmes plus tard que continuant son œuvre d'insurrection contre les Français, il préparait ce jour-là cette fameuse attaque qui amena le 28 le désastre d'Aïn-Temoutchen.

La *déïra* de l'émir était presque aussi importante que la fameuse *smala* qui lui avait été enlevée le 16 mai 1843, sous les ordres du duc d'Aumale, maréchal de camp, et dont la peinture est devenue une des plus belles toiles de notre Horace Vernet.

Les tentes qui la composaient, réunies par groupes inégaux de trois, quatre ou cinq, suivant l'importance de chaque famille, occupaient près de deux lieues de terrain. Chaque groupe avait ses troupeaux particuliers qui paissaient tranquilles au milieu de leurs maîtres.

Pour la première fois depuis notre sortie de Nemours, nous rencontrions un séjour de calme. Cet aspect de la vie patriarcale rendit notre âme à des impressions douces : nous pensions malgré nous aux troupeaux d'Abraham, à Jacob, à Rachel, aux voyages du vieux serviteur Eliézer; et par un rapprochement instinctif, le doux temps de notre enfance, où nous épelions ces récits près de nos mères, nous revenait au cœur avec les larmes aux yeux.

On commença par nous conduire à la tente qu'habitait la mère d'Abd-el-Kader avec ses femmes. Quand nous eûmes pénétré dans l'enceinte de buissons épineux qui sert de défense à chaque habitation, la vieille mère du héros musulman se montra au-devant de nous pour nous recevoir. En quelques mots dits avec onction et sagesse elle nous fit entendre que notre défaite était sans doute la volonté de Dieu dont nous étions venus troubler les fidèles serviteurs dans la terre que le Ciel leur avait donnée en partage ; « mais ce Dieu est tout-puissant, ajouta-t-elle, *ses desseins sont impénétrables; peut-être* après l'expiation, vous rendra-t-il un jour à votre patrie et à vos familles. »

Ce langage à la fois austère et passionné était digne de la mère du chef aimé des musulmans. L'espoir rentra dans nos cœurs en écoutant les paroles de cette femme, et la crainte de traitements pareils à ceux que nous avions subis depuis deux jours s'effaça complétement.

A peine eut elle achevé de parler, que les chefs de famille s'avancèrent pour nous conduire dans leurs tentes. On eut dit qu'ils se disputaient l'honneur de nous offrir l'hospitalité. Partout sur notre passage des femmes accouraient, portant dans leurs mains des galettes, et nous invitaient à manger en disant : *Koul, koul, meleh* (mange, mange, c'est bon). On nous distribua par petits groupes dans chaque famille. Les officiers seuls eurent une tente séparée.

Ce fut pour nous une véritable désolation, quand, vers le soir, Mohammed nous annonça que ce n'était point à la *déïra* que nous devions être établis, mais dans un camp voisin, sur la rive droite de la Moulouïa, où nous attendaient quelques compagnies de réguliers qui devaient être plus spécialement chargés de veiller sur nous. Cette nouvelle nous sembla de mauvais augure : la réception affectueuse que nous venions de recevoir nous avait déjà attachés aux habitants de la *deïra*. Cependant il fallut obéir. Nous trouvâmes le camp beaucoup moins bien installé que les tentes que nous quittions. Les prsonniers furent établis au milieu sous de mauvais abris. Chacun se coucha comme il put.

La mission de Mohammed était terminée. En nous remettant à El-adj-Salem chef des réguliers préposés à notre garde, il nous invita à écrire au général Cavaignac, chef de la subdivision de Tlemcen, en promettant de se charger du message. Le commandant Courby saisit avec empressement cette occasion. Trop faible pour écrire lui-même, il dicta une longue lettre au maréchal des logis Barbut, rendant un compte exact des opérations qui avaient été faites et des résultats funestes qu'on en avait obtenus. Nous n'avons jamais pu savoir si cette lettre était parvenue.

IX.

Nous étions, comme on le comprendra sans peine, très-inquiets du sort de la compagnie de carabiniers. Nous ignorions le fait d'armes du capitaine de Géraux et le massacre qui en avait été la suite.

Le 3 octobre, six jours après notre installation au camp de la Moulouïa, notre incertitude cessa, en voyant arriver les quinze malheureux qui avaient été saisis au moment d'atteindre les portes de Nemours.

Ils étaient accompagnés d'un autre détachement beaucoup plus considérable qui les avait rejoints en chemin, et qui arrivait d'Aïn-Temoutchen, où avait eu lieu une rencontre dont les Arabes faisaient déjà le plus pompeux récit.

Or voici ce qui s'était passé. J'ai extrait ces détails de la relation publiée dans la *thèse inaugurale* du docteur Cabasse [1] l'un des témoins et des acteurs de cet engagement.

En même temps que la nouvelle du désastre de Nemours, le général Cavaignac avait reçu à Tlemcen un avis indiquant qu'Abd-el-Kader s'était porté rapidement vers le petit poste d'Aïn-Temoutchen et qu'il avait dessein de soulever les tribus environnantes pour s'en emparer. Aïn-Temoutchen ne comptait que soixante-treize hommes de garnison. En attendant l'arrivée du général Lamoricière, gouverneur-général par intérim, qui, parti d'Alger au premier bruit de révolte, arrivait à marches forcées avec une colonne nombreuse, et sachant le général de Bourjolly, chef de la division d'Oran, occupé dans un autre point à calmer des révoltes sur la Mina, le général Cavaignac

[1] Cabasse, *Thèses de médecine de* 1848. — Paris, Rignoux.

crut prudent de détacher de sa colonne expéditionnaire un corps de deux cents hommes choisis dans le 15e léger, le 41e de ligne, les 8e et 10e bataillons de chasseurs à pied et le 2e zouaves, parmi ceux qui étaient les moins propres à faire un service actif, pour aller porter un convoi de trente-deux mille cartouches à Aïn-Temoutchen et en renforcer un peu la garnison en cas d'attaque.

Ce détachement était commandé par MM. Marin, lieutenant au 15e léger, Hillairin, lieutenant au 41e de ligne, et accompagné par un médecin sous-aide-major, M. Cabasse. Parti le 27 septembre de Tlemcen, il avait reçu ordre de marcher avec le plus de rapidité possible, afin de prévenir et d'éviter la rencontre des goums d'Abd-el-Kader.

Malheureusement les hommes qui le composaient étaient, ou bien des recrues arrivant de France depuis peu et non encore accoutumées à ces marches forcées sous un soleil de feu, ou bien des convalescents récemment sortis de l'hôpital et portant encore sur leur physionomie les traces de maladies graves qui leur interdisaient le service actif. L'espace à parcourir était de cinquante-six kilomètres. Quand on arriva à six heures du matin le second jour à Sidi-Moussa, il restait encore à faire une lieue et demie, et déjà leur marche était éventée.

Le lieutenant Marin prit d'abord pour un goum ami les nombreux cavaliers qu'il voyait accourir à sa rencontre. Il ne se trompait pas : c'étaient bien les Béni-Achmez des Marghzen d'Oran; seulement ils avaient fait défection, et se trouvaient en ce moment réunis à d'autres tribus révoltées, sous les ordres de Bou-Hamedy, l'un des khalifats d'Abd-el-Kader.

En un instant la petite troupe fut entourée par quatre mille cavaliers. Que faire? En soldat résigné à la consigne, M. Marin songea d'abord à se défendre. Il disposa ses gens en carré, et appela à lui MM. Hillairin et Cabasse, pour s'aider de leurs conseils. M. Cabasse, jeune et plein de feu, fut d'avis qu'il fallait faire abattre les chevaux et les mulets sur les quatre faces du carré, afin de prouver par là aux Arabes qu'on était disposé à résister jusqu'à la dernière extrémité. « Je demandai, dit-il, l'honneur d'engager le premier l'action, voulant profiter pour cela d'un moment d'exaltation de nos soldats. Dans la prévision d'une mort presque certaine, je ne songeais qu'à mériter que mon nom pût prendre place à côté de mes collègues martyrs d'Afrique, Avulin, Pugem, Péqueux, Ducros, Rosagutti. »

Son opinion fut rejetée. M. Marin, déjà chevalier de la Légion d'honneur et connu par quinze ans de bons et loyaux services, était effrayé de la responsabilité de faire massacrer inutilement deux cents hommes. Les récits apportés la veille de Sidi-Brahim lui semblaient une dure leçon. Il laissa échapper l'instant imperceptible qui peut-être pouvait offrir une chance de salut sur mille. Les Arabes en profitèrent pour désarmer les Français[1].

Bou-Hamedy s'empressa de diriger son importante capture sur la deïra d'Abd-el-Kader, qui lui-même du reste avait assisté à l'action. Les trois officiers ayant été présenté à l'émir, il leur dit : « Ayez confiance en l'avenir. Dieu a voulu vous faire tomber en mon pouvoir, il voudra que vous soyez rendus à la liberté. » Après quoi il les quitta pour voler à de nouvelles entreprises.

Comme le pays était couvert de colonnes françaises, on fit prendre à ces nouveaux captifs une route un peu détournée pour les mener à leur destination. Le premier soir ils allèrent camper chez les Ouled-Assas, au pied d'un marabout peu distant de la mer ; le deuxième jour ils gagnèrent le Djebel Tadjara ; le 30 ils rejoignirent les débris de la compagnie de Géraux ; enfin, le 4 octobre ils arrivèrent au camp de la Moulouia, où nous les attendions. Nous nous jetâmes dans les bras les uns les autres, et longtemps nos larmes se mêlèrent.

[1] Quelques journaux ont sévèrement jugé la conduite du lieutenant Marin. Cependant il n'a point été jugé indigne de continuer à porter la croix par le conseil de guerre qui a eu à examiner sa conduite ; et s'il a quitté l'armée, c'est qu'en fait d'honneur les soldats d'Afrique sont comme la femme de César : ils ne doivent pas même être soupçonnés.

La Deïra.

Noms des prisonniers officiers, sous-officiers et soldats. — Indication des principaux blessés. — Soins de M. le médecin sous-aide-major Cabasse. — Installation du camp. — Occupations. — Nourriture. — Distractions. — M. l'interprète Levy nous est enlevé. — Incendie de nos gourbis. — Causes d'insalubrité. — Changement de séjour. — Intérêt que nous portait le général Cavaignac. — Bou-Hamedy. — Propositions d'échange. — Changement dans notre position. — Nous quittons la deïra. — Déplacements successifs. — Tentatives de fuite. — Le scorbut. — Massacre du 25 avril, dirigé par Ben-Thamis. — Différents récits qui en ont été faits.

I.

Il n'entre point dans le plan de mon récit de raconter les différentes phases du soulèvement dont le début avait été marqué par des événements si funestes. Les efforts combinés des différentes colonnes commandées par le général de Lamoricière intérimaire du gouverneur général, par le général de Bourjolly chef de la division d'Oran, par le général Cavaignac commandant de Tlemcen, par le colonel Géry commandant de Mascara, par le colonel

Walsin-Ester-Hasy chef du bureau arabe d'Oran, parvinrent, mais seulement après de grands efforts, à faire cesser le soulèvement.

Lorsque le général Bugeaud, qui s'était empressé de quitter la France, arriva à Alger avec un renfort de troupes, le 15 octobre, il trouva le rôle aggressif d'Abd-el-Kader à peu près réduit à une position défensive.

Quant à nous, la nouvelle de nos malheurs n'avait pas tardé à se répandre dans toute l'Algérie.

Nous étions au nombre de trois cent quatre, dont voici les noms :

Six officiers : M. Courby de Cognord, chef d'escadron de hussards ; M. Marin, lieutenant du 9e léger; M. Hillarin, lieutenant au 41e de ligne; M. Larrazet, sous-lieutenant au 8e bataillon de chasseurs à pied; M. Cabasse, médecin sous-aide du service des hôpitaux, et M. Lévy, interprète militaire.

Quatorze sous-officiers : l'adjudant Thomas ; Andrieux, Guéry, Collet, Belloul et Beylier, fourriers du 8e bataillon de chasseurs à pied; — le maréchal des logis chef Barbut et le maréchal des logis Barbier, du 2e hussards; — Betaud, Lourteau, sergents du 15e léger; — Ganjon, sergent du 41e de ligne. — Roques, Letitre, sergents du 10e bataillon de chasseurs; — Chère, sergent de zouaves.

Deux cent quatre-vingt-quatre caporaux et soldats : Parès, Mozer, Chateau, Fayt, Moulin, Marie, Bolot, Mollet, Morarre, Poggi, Thyoli, Guillet, Lacan, Frank, Perrin, Galtier, Benoux, Delcroix, Gontier, Elie, Massereau, Jourdain, Guéquet, Balmont, Desprat, Dupont, Chauvin, Rieux, Mialle, Certorius, Froment, Monnet, Durand (Joseph), Doniac, Martel, Gallus, Bertrand, Durousset, Cautel, Bernard, Bourdain, Durand (Jean), Bellevire, Roland, Vesiat, Alexandri, Gasnier, Jullien, Perrin, (Jules), Grail, Delpech, Caumeil, Bitgaret, Ismael, Vey, Rourteau, Delrieu, Paumé, Bouquet, Mallet, Durand (François), Chevreau, Vouthron, Blanchard, Deloure, Soyec, Jolliot, Vidal, Bouttes, Buisson, Durain, Cotte, Chatenny, Balerté, Carrière, Boulou, Artaud, Danis, Monet, Gros, Dunas, Legall, Maraye, Bellouard, Couneaud, De Kester, Merignon, Salanson, Bojone, Dufeuillon, Mescère, Potel, Badaine, Bronconne, Chemin, Blozi, Guinde, Anglade, Georgette, Gouarét, Prodeyrolle, Perigot, Surre, Barrus, Trolet, du 8e bataillon de chasseurs à pied; — Metz, Testard, Sutty, Pierson, Tibal, Bois, Picquet, Marchal, Dutrouin, Kaudel, du 2e hussards; — Moreau, Maréchal, Bantouret, Ningue, Dumé, Harac, Envois, Pillard, Ciel, Serre, Pouvianne, Domergue, Sans, Vincent, Ficens, Labarre, Bertrand, Huard, Trouet, Bernard, Peyrot, Verfolet, Tournier, Mabilote, Friot, Tosser, Gaudier, Arbissé, Mourneau, Pocch, Stièrhe, Monanton, Rochefort, Briseaud, Delbourg, Sabattier, Verdenet,

Issartier, Griffel, Marvelin, Monsonnier, Aribaut, Ferry, Simon, Mater, Jacquemin, Cheriner, Chabeau, Dubois, Muller, Tartail, Arbeau, Jean, Mourer, Lefevre, Artin, Prioret, Arnaud, Macaudière, Bernard, Bergerot, Locher, Colin, Bouque, Carbonnot, Guillot, Dubernet, Peyrin, Viriot, Mourot, Studler, Roge, Malige, Plossen, Berlin, Baudran, Frère, Colia, Lafaye, Carnette, Levieux, Vannier, Martin, Dayssé, du 15e léger;— Rousseau, Bacarat, Boufil, Parabet, Aréma, Lorieau, Boulin, Cholet, Aron, Olivet, Bastien, Frété, Recès, Durieu, Frère, Moutiel, Orsa, Herault, Granier, Douarier, Roche, Dominique, Michel, Michandel, Lecomte, Moncoiffe, Brunet, Trubert, Renaud, Coste, Gontard, Hetner, Duret, Caillou, Anglade, Burtel, du 41e de ligne;— Carret, Delrieu, Nuguet, Gayraud, Mazier, Dièzene, Carles, Pichon, Arnaud, Duclos, Maréchal, Quatrevallé, Carrère, Bouan, Mouton, Levigne, Leseure, Caubet, Guichard, Dufrouy, du 10e bataillon de chasseurs à pied; — Colondre, Sonloy, Sanon, Bruzen, Brulan, Podjimani, Cotte, Lanoque, Duval, Mauri, Quenic, Meunier Sevay, Sarus, Houin, Bodier, Lourmon, Tugar, Didier, Camon, Roussel, Tissandier, Gagne, du 2e zouaves; — Turgis, du 56e fait prisonnier aux environs de Mascara; — plus quatre hommes du train deséqu ipages.

Tous les blessés appartenaient à la colonne de

Montagnac. On remarquait parmi les plus grièvement atteints [1] :

M. Courby, chef d'escadron, avait trois coups de feu à la tête, dont un grave à la partie postérieure. Il avait en outre deux coups de yatagan, l'un à la joue gauche, l'autre à la partie antérieure du cou, un Arabe ayant cherché à le décapiter.

Barbier, maréchal des logis, avait reçu une balle à l'angle externe de l'œil droit qui avait vidé l'orbite, et de plus un coup de yatagan au front.

Pierson : coup de feu avec fracture comminutive de la jambe gauche au tiers supérieur, il avait reçu une autre balle qui lui avait traversé l'épaule.

Bois : coup de feu formant seton au mollet, coup de yatagan au front.

Sutty : trois coups de feu, ayant produit deux fortes contusions et un seton à la cuisse gauche.

Beylier, fourrier : coup de feu à la main droite, fracture des os de la main.

Andrieux, sergent : coup de feu à la cuisse droite, deux coups de yatagan.

Varès : une balle dans les côtes, sept coups de couteau dans la poitrine.

Fayt : un coup de feu à la tête, un coup de yatagan et un coup de couteau au poignet.

Vey : partie du crâne enlevée par un coup de feu; la plaie permet de voir les battements du cerveau.

1 Cette liste est tirée de la thèse de M. le docteur Cabasse.

Vouthron : une balle dans l'aîne.

Desprat : coup de feu à la tête, ablation d'une phalange par une balle, coup de yatagan.

Delrieu : deux coups de feu, dont l'un a brisé le bras droit, et l'autre a fait seton au mollet gauche.

Bourdin : balle logée dans l'anticulation du coude gauche.

Paumé : deux coups de feu, dont une balle est restée dans le genou, et l'autre a enlevé une partie du pouce de la main droite.

Bouquet : coup de feu dans le coude, la balle après avoir fracturé l'olecrâne s'est divisée en plusieurs fragments que l'on sent au milieu des tissus.

Perrin : deux coups de feu, ayant fait setón au bras droit et à la jambe droite.

Chevreau : deux coups de feu, l'un à la tête et l'autre à la fesse, où la balle est restée.

Durand : trois coups de feu, ayant fait seton à la cuisse droite, au bras droit et au bras gauche.

Nourtan : coup de feu dans le pied droit avec fracture des os.

Blanchard : deux coups de feu, dont l'un a fracturé l'omoplate du côté droit, et l'autre a fait seton au bras gauche.

Ismael : un coup de feu traversant les deux cuisses à la partie postérieure, deux coups de couteau.

Garnier : deux coups de feu, dont l'un a lésé les os del a tête, et l'autre fracturé la jambe.

Dauniac : coup de feu au bras droit ayant fait seton, deux coups de yatagan.

Moreau, ordonnance du lieutenant-colonel Montagnac : coup de feu au pied gauche, fracture des os ; la balle n'est pas sortie.

Carrère : coup de feu à la tête ; la balle est restée enclavée au-dessus de l'oreille.

II.

Tous ces malades, à l'exception des deux derniers, avaient été pansés aussitôt notre arrivée au camp, par le *thebil* Sidi-Mohammet, habitant des montagnes voisines, qu'Abd-el-Kader avait fait venir tout exprès.

Il avait pansé les blessures simples de la manière suivante : « Après avoir appliqué le feu par la méthode des scarifications, il avait introduit du miel (ce remède donné par Dieu aux hommes pour guérir leurs blessures, disent les Arabes) dans les plaies qui avaient été recouvertes ensuite par de l'étoupe maintenue au moyen de lambeaux de chemises et de mouchoirs. Ce traitement avait été continué pendant quelques jours ; puis, pour prévenir l'apparition des vers dans les plaies, il avait remplacé le miel par une pommade dans laquelle entraient de l'acétate de cuivre, du beurre, du miel, de la cire et de l'huile. Le topique de Sidi-Mohammet était tellement actif que les mouches qui venaient se poser dessus mouraient à l'instant. » Son emploi causait les douleurs les plus vives à nos infortunés camarades.

Sidi-Mohammet pansait les plaies compliquées de la même manière que les plaies simples, en appliquant ensuite la djebira (petit appareil construit avec des morceaux de roseaux et des lanières de cuir, sur le modèle des jalousies de nos fenêtres, et dont on enveloppe le membre malade). « Avec le djebira dit M. le docteur Varnier dans sa thèse, on traite les plaies d'armes à feu comme si elles n'étaient pas compliquées de fractures, et celles-ci comme si elles n'étaient pas compliquées de plaies d'armes à feu.»

L'arrivée de M. le sous-aide-major Cabasse fut pour tous les blessés français un bienfait de la Providence.

« Je ne pourrais jamais décrire, dit-il dans sa relation, le bonheur qu'ils éprouvèrent en me voyant. La nouvelle de leur délivrance ne leur eut pas causé plus de joie.

Les moins malades se traînèrent vers moi, et tout en déplorant de me voir partager leur sort, ils me disaient que Dieu m'avait envoyé près d'eux pour les sauver. Ce mélange de peine et de joie m'émotionna vivement; je me sentais heureux d'avoir été choisi pour une mission si sainte; ma seule crainte était de n'être pas à la hauteur de la responsabilité qui allait peser sur moi. »

Le zèle de M. Cabasse fut du reste partagé pour

tous ceux qui étaient valides. Il est impossible de dire avec quelle activité, quel dévouement ils s'employèrent à tout ce qui pouvait contribuer soit au soulagement des blessés, soit au bien-être de notre infortunée colonie.

Le besoin le plus impérieux était de nous construire des logements ; nous souffrions également du froid pendant la nuit, de la chaleur pendant le jour, et la saison des pluies approchait.

On avait installé notre camp dans une grande plaine. Une vaste circonférence entourée d'une haie d'épines sèches, avec un factionnaire à l'entrée, nous servait de prison. Autour de cette enceinte en était une seconde, formée par des tentes de chefs indigènes, où se tenaient leurs familles, leurs chevaux, leurs gens et les provisions. Enfin une troisième ligne, formée de petites huttes de branchages occupées par les soldats réguliers d'Abd-el-Kader préposés à notre garde, complétait la défense. On voit que nous étions bien mieux gardés par la difficulté de fuir, une fois sortis du camp, que par celle d'escalader les barrières de notre geôle.

Sous la direction de M. Cabasse, les plus habiles charpentiers et maçons commencèrent par construire un gourbi-infirmerie destiné aux malades. Il était situé au centre du préau, vaste, bien, trop bien aéré, convenablement couvert de paille et d'alfa, et luxueusement décoré de portes et de fenêtres que l'on pouvait fermer la nuit. Cinquante malades au moins y reposaient à l'aise.

Quand on eut ainsi songé aux plus nécessiteux, on continua sur un plan régulier à bâtir, pour les chefs d'abord, puis pour chaque escouade, des gourbis spacieux et commodes. Nous ne savions pas ce que devait durer notre captivité, il fallait bien songer à la rendre aussi tolérable que possible.

Après la construction des gourbis, vint celle des fours. On nous distribuait journellement une ration de vivres ainsi composée : un kilogramme d'orge en nature, et 500 grammes de viande. Les officiers et les malades recevaient du froment au lieu d'orge. On y joignait quelquefois du beurre, du sucre, du café, du miel, des raisins, etc. Le blé dans chaque gourbi était moulu en commun, au moyen de ce petit moulin portatif qu'on rencontre partout chez les Arabes, et qui consiste en deux pierres plates circulaires, percées au centre d'un trou, et que l'on fait tourner l'une sur l'autre au moyen d'un bâton. Chacun pouvait employer selon son goût sa part de farine. Généralement on faisait avec une moitié des galettes cuites sous la cendre, comme celles dont il est question dans les récits de la Bible, et avec l'autre une bouillie fort indigeste qui porte dans les camps le nom de *turlutine*. Le besoin nous apprit promptement à remplacer ces grossières préparations par de petits fours de terre, où l'on faisait cuire à la fois dix ou douze pains de deux livres. Chacun rivalisait de zèle, c'était à qui ferait le plus beau pain et les rôtis les plus succulents.

Il s'était aussi établi des fabriques de poteries, de pipes, de bons-hommes, de canons, qui faisaient l'admiration de nos gardiens. Les artistes échangeaient ces objets tantôt pour une assiette de figues sèches, tantôt pour un peu de miel ou de tabac, et la communauté se trouvait plus riche d'autant. Les moins industrieux s'employaient sans vergogne à moudre du blé pour les Arabes, à leur chercher de herbes pour les chevaux, du bois, de l'eau, et le bénéfice de toutes ces corvées volontaires était scrupuleusement versé à la masse commune.

Au bout de quinze jours le caractère gai et insouciant du soldat français avait pris le dessus sur toutes les peines de la captivité. Des professeurs d'armes et de danse s'étaient improvisés. On jouait aux échecs, aux dominos, au loto, ce jeu qui n'a d'intérêt que dans les camps à cause des lazzis sans nombre auxquels chaque chiffre donne lieu. Souvent on chantait, les airs de la patrie nous revenaient au cœur et aux lèvres avec des larmes dans les yeux. Je n'oublierai jamais un vieil air que nous répétions le soir en regardant voler les nuages, c'est celui de *l'Hirondelle et le Prisonnier*. Quand venait le couplet où le captif demande à l'oiseau voyageur si sa sœur est mariée, nos voix prenaient une expression particulière de mélancolie et de tendresse, car il n'est point d'homme sur la terre qui n'ait dans quelque coin du monde un souvenir qui lui soit cher, une femme, une famille, une tombe.

Peu d'événements vinrent pendant le premier mois faire diversion à la monotonie de notre existence; je ne me rappelle que les deux suivants.

Le 11 octobre, M. l'interprète Levy fut arraché du milieu de nous pour aller servir de drogman à Abd-el-Kader. M. Levy était un des glorieux débris du marabout de Sidi-Brahim; il avait toutes nos sympathies. L'heure de notre séparation fut attristée par de sombres pressentiments qui ne furent que trop justifiés : à quelques mois de là, nous apprîmes que notre infortuné compagnon avait été massacré dans une révolte.

Peu de jours après le départ de M. Levy, notre camp brûla pendant la nuit. Nos belles constructions furent réduites en cendre, et, ce qui était encore plus déplorable, les vêtements que nous conservions avec un soin jaloux pour les froids de l'hiver furent consumés par le feu ou volés par les Arabes. Cet événement mit un peu de méfiance dans nos rapports avec nos gardiens. Ils nous accusaient d'avoir allumé l'incendie pour nous enfuir à la faveur du désordre. Nous les soupçonnions d'avoir mis le feu par cupidité pour nous piller sans contrôle. Il paraît certain que l'imprudence seule était la cause du sinistre.

Nos malades souffrirent beaucoup de la dévastation de nos gourbis. Nous en avions déjà perdu quelques-uns, nous en perdîmes un plus grand nombre. L'accumulation de matières animales excrémentielles dont les abords du camp étaient encombrés finirent par déterminer M. Courby, sur les instances du médecin, à demander qu'on nous changeât de place; ce qui fut accordé. Le 4 novembre, nous allâmes nous installer dans un autre emplacement choisi comme le premier sur les borsd de la Moulouia; mais nous n'y allâmes pas tous : nos pauvres amis Carrière, Vouthron, et deux ou trois autres, restèrent dans la terre. Dieu les avait délivrés de la vie.

III

Les Arabes pensaient que notre gouvernement serait ému du récit de nos infortunes et s'occuperait de nous racheter. Nous nourrissions la même espérance, et nous supportions la captivité sans chercher à faire de coup de main, dans la conviction que notre sort une fois connu du gouverneur général serait promptement amélioré. Nous attendîmes des semaines et des mois; mais, hélas ! ce fut en vain.

Pourtant je dois dire, car il serait injuste de poursuivre mon récit sans le constater, que si en haut lieu on sembla nous oublier, il n'en fut point ainsi des généraux qui commandaient la province d'Oran, et en particulier la subdivision de Tlemcen à laquelle nous avions appartenu, et les bonnes paroles non plus que les secours d'argent qui nous furent en diverses occasions adressés par les généraux de Lamoricière et Cavaignac n'ont été oubliés par aucun de nous.

J'ai déjà dit comment, dès le premier soir de notre arrivée sur la Moulouia, Sidi Mohammed s'était chargé de faire parvenir de nos nouvelles à M. le général Cavaignac. Cette lettre n'arriva probablement pas à destination, car nous n'en entendîmes jamais parler.

Le 8 octobre, quatre jours après notre réunion avec les prisonniers d'Aïn-Temoutchen, M. le commandant Courby de Cognord adressa aux deux généraux un rapport très-détaillé de ce qui s'était passé à Sidi-Brahim, en leur faisant connaître le nombre des survivants et l'état dans lequel nous étions. Ce rapport, qui est un chef-d'œuvre de grandeur d'âme et de simplicité, a été imprimé au *Moniteur*.

Nous n'attendîmes pas longtemps les réponses. Elles arrivèrent le 17 au soir, rapportées par le même messager arabe que nous avions envoyé. Les généraux de Lamoricière et Cavaignac, juges éprouvés de l'honneur militaire, nous y adressaient des paroles pleines d'espérance et de témoignages flatteurs. Il nous sembla que les barrières qui nous séparaient de la patrie étaient abaissées par ce bon souvenir. Le messager apportait en outre une somme de mille francs envoyée par le général Cavaignac, et pour nos malades, du linge, de la charpie, du cérat, du sparadrap, de l'opium, du sulfate de quinine, de l'émétique, envoyés par M. le chirurgien-major Gama, et à l'aide desquels M. Cabasse put étendre jusqu'aux Arabes le cercle de ses utiles médications. Notre camp devint dès lors le rendez-vous de tous les cavaliers blessés qui se trouvaient aux environs, et notre bien-être s'accrut de toute la reconnaissance que notre cher docteur méritait si bien par sa science et son dévouement.

« Les prisonniers étaient généralement bien avec leurs gardiens ; aucun soldat ne fut en butte avant le massacre à aucune espèce de mauvais traitement ni de vexation. Un soldat arabe reçut un jour quatre-vingts coups de bâton et fut mis en prison pour avoir jeté une pierre à l'un de nous [1]. »

Chaque quinzaine à peu près, le général Cavaignac continuait à nous écrire et à nous prodiguer avec sa bourse les consolations d'une âme généreuse et d'un ami dévoué ; mais, malgré son désir de nous voir libres, ses lettres continuaient à rester muettes au sujet des dispositions du gouvernement à notre égard.

Cette conduite semblait inexplicable aux chefs arabes. L'un d'eux, Bou-Hamedy, grand seigneur s'il

[1] Cabasse, *Thèses de Paris*, 1848.

en fut et khalifat d'Abd-el-Kader, en manifestait à chacune de ses visites son étonnement.

Bou-Hamedy est le type du chevalier maure tel que le représentent les légendes et les chroniques. Saladin devait avoir cette tournure princière, cette figure noble, cette taille élevée, ce costume flottant de couleur claire, enrichi de broderies d'or et d'armes splendides. Il s'était épris pour M. de Cognord d'une affection admirative qui se révélait en toute circonstance. On eût dit un des califes de Grenade ou de Cordoue entourant de soins le Cid vaincu et prisonnier. Les égards dont il usait envers notre chef, nous les lui rendions en dévouement et en respect. Autant qu'un vaincu peut aimer son vainqueur, nous l'aimions, et ses visites nous étaient toujours précieuses et chères.

Il arriva un jour accompagné d'un chef marocain qui commandait à Taza. L'étranger, vêtu splendidement et accompagné d'une brillante escorte, demanda à voir les prisonniers français. Il n'avait sans doute pas eu le temps de nous considérer un an auparavant, lorsque le fils de son empereur et toute son armée avait pris la fuite devant le vainqueur d'Isly. Bou-Hamedy, avec le tact d'un parfait galant homme, ne voulut point nous ordonner de paraître. Il vint lui-même prier M. Courby de présenter ses compagnons à son hôte, et après la visite, il offrit le café dans sa tente à tous les prisonniers.

Un autre jour il se présenta rayonnant devant nous. Abd-el-Kader l'avait chargé, nous dit-il, de traiter avec les Français de notre rançon. La figure du khalifat en nous annonçant cette bonne nouvelle exprimait toute la noblesse de son cœur. Il pressa à plusieurs reprises M. Courby d'en écrire au général Cavaignac. « Je sais, ajouta-t-il, que les Français se sont vantés de nous traquer si bien et de nous poursuivre avec tant d'acharnement qu'ils forceraient Abd-el-Kader à rendre gorge et à abandonner sa proie. Mais nous avons fait les prisonniers de bonne guerre, ils sont à nous. Dites bien que nous ne les lâcherons jamais; toutefois, comme le maréchal Bugeaud a entre ses mains plusieurs de nos frères et que d'autres ont été déportés par ses ordres dans une île lointaine, dites que nous consentons à un échange homme par homme entre vous et les nôtres. »

Le commandant s'empressa d'adresser au général Cavaignac un compte-rendu de l'importante conversation qu'il venait d'avoir avec Bou-Hamedy. M. Cavaignac dépêcha aussitôt des courriers à Alger. Par malheur, il n'eut à nous communiquer d'autre réponse qu'un vieux numéro du *Moniteur*, qui contenait l'entrefilet suivant :

« Sont nommés : officier de la légion d'honneur, M. Courby de Cognord, chef d'escadron du 2ᵉ hussards, *servant en Afrique*; — chevaliers, Barbut, maréchal des logis chef, *servant en Afrique*, Barbier, maréchal des logis, *servant en Afrique*, Testard, cavalier, *idem*[1]. »

Peu de jours après, le 9 février, l'ordre arriva de quitter le camp à l'instant même, et de franchir la Moulouia pour aller s'établir sur l'autre rive en gagnant les montagnes de la Zeuf.

IV

Nous cessâmes, à dater de ce jour, de faire partie de la deïra de l'émir. Abandonnés à la garde des soldats réguliers, nous vîmes s'éloigner de nous la mère d'Abd-el-Kader, dont jusque-là les tentes avaient été voisines des nôtres, et quelques relations que nous avions pu lier avec des familles compatissantes faisant partie de la *deïra* furent brisées violemment.

Il y avait autour de la mère de l'émir deux femmes européennes, que des circonstances romanesques avaient arrachées de leur pays pour les jeter au milieu des Arabes; elles se nommaient Juliette et Thérèse.

..... Juliette avait été enlevée à Marseille, à l'âge de quatre ou cinq ans, par un aventurier nommé Manucci qui faisait le métier de pourvoyeur de vivres auprès d'Abd-el-Kader. Devenue grande, Manucci l'avait prise pour femme; puis, celui-ci

[1] *Moniteur* du 31 octobre 1845.

ayant été décapité par ordre de l'émir, au moment où il essayait de s'enfuir en Espagne avec une forte somme d'argent, Juliette avait plu au frère de lait d'Abd-el-Kader, qui l'avait épousée à son tour. Cette jeune femme, quoique élevée au milieu des Arabes et imbue de tous leurs préjugés, avait pour nous tous une vive sympathie. Elle s'était vouée avec un zèle admirable au soin des blessés sous la direction de M. Cabasse, et ne manquait jamais de profiter de la position élevée de son mari pour leur faire avoir des vêtements, des provisions, des fruits, tout ce qu'elle pouvait imaginer pour soulager leurs maux. Depuis elle a suivi avec le même dévouement son mari en prison, et s'est attachée à la mauvaise fortune de la famille d'Abd-el-Kader.

L'histoire de Thérèse était entourée de toutes sortes de voiles qu'elle s'obstinait à ne pas soulever. C'était déjà une femme d'une trentaine d'années. On racontait d'elle qu'elle avait été offerte en cadeau par l'émir à l'empereur du Maroc, lequel, après en avoir fait sa femme, l'avait ensuite fait vendre publiquement sur le marché. Elle appartenait en ce moment à un chef de tente, qui n'en paraissait pas médiocrement jaloux. Son nom se retrouvera dans ce récit. Une intrigue de cour l'ayant rattachée à la fortune des Français, elle se trouva comprise dans le marché qui ramena en France les derniers débris de nos colonnes.

A ces bons souvenirs, j'ai besoin d'en joindre ici un autre ; c'est celui de la pauvre Fatma : une jeune bédouine aux yeux noirs, au teint bistré, à l'allure vive comme une gazelle, au cœur doux comme une colombe. Celle-là avait jeté sur moi un regard d'affectueuse compassion, et ce regard avait fait plus pour la cicatrisation de mes blessures que les soins du médecin. J'avais trouvé moyen de me rendre utile à la tente de son père ; je m'y rendais souvent, et là j'oubliais les amertumes de l'exil. Une séparation violente nous arrachait maintenant l'un à l'autre, sans nous avoir même donné le temps de nous dire adieu.

Le jour même du départ, les moins observateurs purent constater qu'il s'était opéré un changement funeste dans les dispositions de nos gardiens à notre égard. Quatre hommes malades et incapables de marcher étaient restés en arrière pour attendre des mulets qui devaient les transporter. Le soir, quand on arriva au gîte, M. Cabasse réclama en vain ses malades : ils avaient eu la tête tranchée [1]. On nous dit qu'une colonne française partie de Lalla-Marnïa nous suivait menaçant la *deïra* de l'émir, et que nous ne pourrions nous arrêter qu'en lieu sûr.

Après un repos de quelques heures entre des rochers, nous reprîmes notre course le lendemain

[1] C'étaient : Belmont, du 8e chasseurs à pied ; Arpistée, du 15e léger ; Prettée, du 41e de ligne ; et Jeannot, des zouaves.

bien avant l'aurore. Aucune fatigue, aucune maladie ne pouvait ralentir le pas de ceux qui nous conduisaient. MM. Cabasse et Marin, restés à l'arrière-garde, s'efforçaient de soulager un peu les retardataires en les faisant tour à tour monter sur leurs chevaux; mais les forces trahissaient nos jambes. Malgré les précautions qu'ils prirent pour ne laisser personne derrière, Octein, du 41ᵉ, et Jein du 15ᵉ léger, manquèrent le soir à l'appel. Brisés par la fatigue, ils s'étaient jetés dans les buissons et avaient été égorgés par les soldats arabes de l'extrême arrière-garde.

V

Cette époque fut le commencement de la misère et des peines que nous eûmes à endurer. On supprima les rations de viande, on diminua parfois les rations d'orge, on retira le froment donné jusque-là aux malades. De fréquents changements de camp, de longues marches achevèrent d'épuiser nos malheureux soldats.

Le 10 février au soir, après une étape des plus pénibles à travers des montagnes arides coupées par d'énormes rochers qu'il fallait gravir et redescendre sans cesse, nous nous arrêtâmes en un lieu nommé Désar, au delà de la frontière, où plusieurs des nôtres furent attaqués et maltraités par les Marocains en allant à la fontaine renouveler notre provision d'eau.

Pendant trois jours, nous restâmes cachés dans ces gorges désolées, attendant l'arrivée des cavaliers qui devaient venir nous informer du reste de notre itinéraire.

Le 12, ordre fut donné de se remettre en marche. Le soir on nous fit arrêter en un lieu d'où nous fûmes tout surpris d'apercevoir la mer et les murailles de la forteresse espagnole de Melilla.

Melilla est, comme chacun sait, le Botany-bay de l'Espagne. C'est le dernier pied à terre que cette puissance ait conservé en Afrique pour y déporter ses malfaiteurs. Cette place avait pour gouverneur M. Maria de Benito, homme excellent, que nous savions tout dévoué à nos intérêts par une lettre qu'il nous avait fait parvenir dès le 8 janvier pour nous assurer de sa sympathie. Nous passâmes deux jours à former des projets d'évasion. Une heure de marche et une balancelle de pêcheur suffisaient pour nous ramener en Europe; mais nos chefs ne voulurent jamais consentir à partir sans nous, et nous ne voulions pas abandonner nos excellents officiers.

Le 15, le camp fut levé de grand matin pour être transporté de nouveau dans les terres, sur les bords de la Moulouïa, que nous suivions toujours. Pendant la marche, le nommé Bernard, du 8e bataillon, et Gagne, soldat du train, disparurent. La veille, Bernard était venu faire part de sa résolution au commandant Courby et lui demander ses lettres pour général Cavaignac. Cette occasion fut refusée par prudence. L'évasion s'effectua sans difficulté. Les deux fugitifs marchèrent quelque temps de concert; mais une discussion s'étant élevée entre eux sur la route à suivre, ils eurent le malheur de se séparer. Gagne fut tué chez les Beni-Snassen; Bernard, plus heureux que son ami, put atteindre Lalla-Marnïa après neuf jours de luttes contre la solitude et la faim.

Le 17, pendant une fête qui se donnait chez les Beni-Amar, trois autres prisonniers disparurent. « C'étaient le caporal Moulin, un zouave nommé Vaggi, et cet Ismaël qui au milieu du combat avait crié : « Nous sommes perdus! » Tous trois furent repris. Le khalifat Bou-Hamedy les condamna à mort tous trois. M. Courby de Cognord à force d'instances obtint d'abord la grâce de Vaggi et d'Ismaël. Puis, comme les fusils étaient déjà chargés, comme on allait le fusiller, il obtint celle du caporal Moulin[1]. »

On changea encore de camp le 24. Cette fois nous redescendîmes vers la mer, au bord d'une fontaine nommée Assi-Berkani, d'où nos yeux purent encore contempler les portes de Mellila, et les voiles blanches des balancelles espagnoles qui pêchaient près de la côte.

[1] A. DUMAS, *le Véloce*, t. II. p. 58.

Notre séjour sur ce rivage fut marqué par une épidémie de scorbut. Depuis qu'on nous avait retranché le café, la viande, et qu'on avait réduit notre nourriture à un peu d'orge, les forces de la plupart d'entre nous s'étaient considérablement affaiblies. Nous étions mal campés, et il pleuvait beaucoup. D'autre part le mal du pays nous tenait.

« La maladie, dit M. Cabasse, débutait du côté de la bouche par des démangeaisons, par un gonflement léger. Les gencives saignaient facilement, devenaient mollasses, boursouflées. Au bout de quelques jours, ces parties boursouflées dépassaient les dents, formaient de petites tumeurs noirâtres de la grosseur d'une noisette; celles-ci se gangrénaient et tombaient à la plus légère traction en laissant à découvert les alvéoles; l'haleine exhalait une odeur de gangrène très-prononcée. En examinant ces bourrelets gangreneux et les écrasant sous le doigt je crus sentir de petits corps durs. J'examinai avec plus de soin, je les écrasai dans un verre, afin de voir de quelle nature ils étaient, et je reconnus que ce n'était autre chose que des fragments de son et de paille, provenant de l'orge moulue imparfaitement avec les moulins arabes. Mes efforts pour arrêter le mal avec les maigres ressources dont je disposais furent inutiles; l'œdème, les douleurs, les taches, les hémorrhagies suivaient leurs cours jusqu'à la mort. J'étais spectateur des terribles désordres que la maladie produisait, sans pouvoir y porter remède. Combien de fois ne m'éveillai-je pas dans de mortelles inquiétudes, et me demandant si je faisais tout ce que je devais pour arracher à la mort mes malheureux compagnons! J'étais effrayé de la terrible responsabilité qui pesait sur moi. »

Aucun de nous, certes, n'a jamais songé à accuser ce brave docteur. Ce qui est étonnant, ce n'est pas qu'un grand nombre des nôtres ait succombé, mais que lui-même ait pu résister aux fatigues excessives qu'il s'imposait pour nous secourir.

Au commencement de mars, nous reçûmes du général Cavaignac des lettres, de l'argent et des mé-médicaments. Cet homme au cœur d'or ne cessait de nous exhorter à la patience, en nous montrant qu'il ne nous oubliait pas; mais nous savions son autorité fort limitée, et nous avions tant attendu que nous n'osions plus espérer.

Le 11, on nous fit une distribution de mouton; c'était la première fois depuis un mois qu'on nous donnait un peu de viande.

Le 12, sur les sollicitations de M. Courby et du médecin, nous descendîmes la Moulouïa pendant quatre heures, à la recherche d'un nouveau campement moins malsain que celui que nous occupions; mais la maladie n'en continua pas moins ses ravages : presque chaque jour nous avions un camarade à pleurer.

De trois cent quatre prisonniers que nous avions été, sept étaient morts des suites de leurs blessures, vingt de maladies internes, trois étaient partis : nous n'étions donc plus que deux cent soixante-quatorze. Sur ce nombre, trente au moins étaient atteints de scorbut, quand fut donné l'ordre exécrable de nous massacrer.

VI.

Le 25 avril, il arriva au camp trois cavaliers qui venaient chercher les officiers de la part de Ben-Thamis, pour les conduire à la *Deïra* sous prétexte de les faire assister à une fête chez ce khalifat.

Ben-Thamis était le beau-frère d'Abd-el-Kader. Nous l'avions vu deux fois depuis le commencement de notre captivité; à chaque fois il nous avait semblé sombre, farouche et cruel. Nous le connaissions comme l'ennemi personnel de Bou-Hamedy, et il nous semblait ramasser d'autant plus de haine dans son cœur que celui-ci s'acquérait plus de droits sur les nôtres.

L'invitation d'un pareil homme nous sembla à tous du plus mauvais présage. Elle avait du reste toutes les allures d'un ordre ; car le lieutenant Marin et M. Cabasse ayant demandé à rester au milieu de nous, on le leur refusa obstinément. Ils partirent donc, au nombre de onze, tant officiers que sous-officiers et ordonnances. Nous restâmes deux cent soixante-quatre.

Il avait été décidé en haut lieu que nous serions égorgés pendant la nuit.

Quel avait été le promoteur de cette résolution cruelle? on ne l'a jamais su bien au net. Ma conviction à moi, c'est qu'Abd-el-Kader a le cœur trop haut placé pour s'être jamais rendu coupable d'une lâcheté pareille : n'avait-il pas quelques années auparavant rendu quatre-vingts prisonniers à la seule prière de l'abbé Suchet? Bou-Hamedy ne peut être accusé : l'histoire a constaté qu'il avait offert de vendre ses troupeaux et de nous reconduire à ses propres frais jusqu'à Lalla-Marnïa plutôt que de nous laisser tuer. Reste donc le seul Ben-Thamis pour porter l'opprobre d'une pareille mesure.

Les Arabes avaient espéré jusque-là pouvoir, en nous conservant, retirer par un échange quelques-uns de leurs parents détenus en France. L'inconcevable répugnance du gouvernement général à traiter avec Abd-el-Kader des conditions de cet échange les avait aigris. L'épuisement des finances de l'émir rendait notre entretien onéreux. Le voisinage des colonnes françaises faisait de nous un embarras pour la fuite comme pour la lutte. Il fallait donc absolument se débarrasser de nous. Seulement au moyen chevaleresque proposé par Bou-Hamedy, Ben-Thamis préféra le procédé barbare que lui suggérait sa basse nature, et pour détruire toute pitié dans le cœur de nos gardiens, il fit courir le bruit menteur que les Arabes détenus en France avaient été mis à mort.

A l'entrée de la nuit, on nous réunit et on nous fit mettre sur un rang, après nous avoir commandé d'apporter nos effets, comme si on devait lever le camp pendant la nuit. Il s'agissait de compter combien de têtes on aurait à porter en triomphe le lendemain. Nous nous trouvâmes deux cent soixante-quatre. On nous compta par six, on nous fit entrer par petits groupes dans les gourbis qu'occupaient les réguliers, et l'on nous dit que nous pouvions dormir; mais bien peu sommeillèrent, car il y avait dans l'air une odeur de carnage.

Vers minuit les réguliers poussèrent un grand cri : c'était le signal du massacre. Aussitôt, à coups de fusil, à coups de sabre, à coups de bâton, ils se précipitèrent sur nous et firent une boucherie affreuse. A la lueur de l'incendie qu'une main inconnue avait allumé pour éclairer ce drame lugubre, on put voir pendant une demi-heure une lutte dont le souvenir m'épouvante encore. On n'égorge pas ainsi deux cent soixante Français sans qu'ils se défendent. La lutte du côté de nos soldats fut celle du désespoir, mais que faire sans armes contre des hommes armés? Quelques-uns s'échappèrent à la faveur de la nuit, on en a signalé cinq ou six, mais l'histoire n'a enregistré jusqu'ici que les noms de Rolland et de Delpech. Le récit qu'il ont fait de leur évasion mérite d'être signalé.

VII

C'est d'abord le clairon Rolland qui parle :

« Quand nous fûmes réunis dans le gourbi, je dis à mes camarades qu'il y aurait quelque chose pendant la nuit, qu'il ne fallait pas dormir, mais nous tenir prets à nous défendre si l'on voulait nous tuer. J'avais un couteau français que j'avais trouvé sur les bords de la Moulouïa trois jours auparavant. En entrant dans la cabane j'avais trouvé une faucille, je l'avais donnée à mon camarade Daumat. Au moindre bruit, lui avais-je dit, je sortirai, vous me suivrez.

» Vers minuit, les soldats d'Abd-el-Kader poussent un cri, c'était le signal. Je sors le premier, je rencontre un régulier, je lui donne un coup de couteau dans la poitrine ; il tombe, je saute dans l'enceinte de buissons et je roule par terre. Pendant que j'étais à me débarrasser, des soldats arrivent cherchant à me prendre, mon pantalon était en mauvais état, il reste entre leurs mains, et je m'échappe en chemise. Dans un ravin, à cent mètres du camp, une ambuscade tire sur moi, une balle m'a légèrement blessé à la jambe droite. Je continue à fuir, je monte sur une colline, et je m'assieds pour voir si quelqu'un de mes camarades pourra me rejoindre.

» En me tournant vers le camp, j'entendais les cris des prisonniers et des gens d'Abd-el-Kader. Les coups de fusil ont duré plus d'une demi-heure; mes camarades ont dû se défendre, si j'en juge par le bruit que j'ai entendu.

» Pour échapper au massacre dans les gourbis des réguliers, plusieurs prisonniers s'étaient réfugiés dans les nôtres, au milieu du camp: pour les en chasser on y mit le feu; on les tirait au fur et à mesure qu'ils sortaient.

» Voyant que personne ne me rejoignait, j'ai franchi la Moulouïa, j'ai marché pendant trois nuits, je me cachais le jour. Le troisième jour vers trois ou quatre heures, le tonnerre a grondé, il est tombé de la pluie, il faisait un vent qui coupait les broussailles; j'ai continué à marcher; j'étais presque nu, je souffrais, je pensais que j'en aurais encore pour deux ou trois heures, j'ai voulu en finir : je me suis dirigé vers un village marocain, j'y suis arrivé avant la tombée de la nuit; à l'entrée, j'ai rencontré des femmes qui venaient puiser de l'eau, et en me voyant elles ont pris la fuite en poussant des cris; je suis entré dans le village.

» A l'extrémité d'une petite rue, j'aperçus un jeune homme d'une vingtaine d'années; en me voyant il sortit un poignard pour me tuer, je voulais mourir, je m'avançai vers lui. Je m'étais approché jusqu'à trois ou quatre pas, lorsqu'un autre homme sortit d'une terrasse voisine et retint le bras du premier. Il m'emmena chez lui, me fit chauffer quelques minutes, puis me conduisit dans sa cave. Là il m'attacha les pieds et les mains, et jeta sur moi une couverture. Moi, je ne disais rien, je croyais que je ne souffrirais pas longtemps. Cependant il me dit qu'il ne me tuerait pas. Je passai la nuit comme je pus; au matin il vint me détacher. J'ai passé sept jours chez lui; il ne me laissait pas sortir, parce qu'il y avait dans le village des gens qui voulaient me tuer.

» Le septième jour est arrivé un homme qui m'a acheté deux douros (10 francs). Celui-ci m'a fait partir la nuit pour me conduire dans sa maison. En arrivant il m'a donné un haïk et un burnous, et m'a gardé dix jours. Le dixième jour il m'a conduit chez un de ses parents qui habite un village marocain à un jour de marche de Lalla-Marnïa. Ce dernier m'a amené parce que l'autre ne connaissait pas la route. Nous sommes venus par les montagnes de Nedroma.

» J'avais dit à mon premier patron qu'il aurait de l'argent s'il me rendait aux Français; je pense que c'est ce qui a donné au second l'idée de me ramener. On m'a dit qu'il y a deux de mes camarades qui sont dans des villages marocains. »

Voici maintenant le récit de Delpech ;

« La pensée qui nous vint quand on nous sépara les uns des autres, c'est qu'on allait nous employer pour la moisson. Nous fîmes du feu à la porte du gourbi qui nous était désigné pour six. La nuit arrivée, les soldats d'Abd-el-Kader nous dirent qu'il fallait nous coucher, et nous rentrâmes. J'étais à peine endormi que je fus éveillé par des cris et un grand tumulte venant des gourbis voisins. Aussitôt on se précipita sur nous, on nous attacha tous les six à une corde, avant que nous ayons pu comprendre qu'on allait nous massacrer. Je m'imaginai qu'on allait exécuter quelqu'un qui avait voulu se sauver. On nous fit sortir, on nous fit asseoir à la porte du gourbi; un Arabe enleva la capote du fourrier Bellot, je compris alors le sort qui nous attendait. Immédiatement après, sept ou huit réguliers nous entraînèrent dans un ravin, sur le bord de la rivière. J'étais attaché par le cou; tous les autres par les mains. Un régulier me mit en joue et fit feu: son fusil rata. Pendant qu'il amorçait de nouveau, je fis un effort pour délier la corde, qui heureusement tenait peu, et fuyant vers la Moulouïa, je me précipitai dans la rivière, préférant me noyer que d'être assassiné. La durée d'un éclair je me laissai aller au fil de l'eau, mais bientôt je repris l'espérance. Je me déshabillai dans l'eau, je gagnai la rive opposée, et au lieu d'aborder, je descendis à la nage pour prendre terre plus bas.

« Pendant ce temps qui a duré vingt minutes au moins, j'ai vu courir sur les bords de la Moulouïa les gens qui me poursuivaient et qui, n'ayant pas de cartouche pour tirer sur moi, me jetaient des pierres. En descendant à la nage, je mis la main sur le corps d'un de nos camarades qui, chassé par la rivière, avait été arrêté sur un rocher. Enfin j'ai mis le pied sur la rive droite de la Moulouïa.

» J'étais nu ; je me suis arrêté un instant, j'ai vu une lueur qui ne pouvait que parvenir de l'incendie des gourbis, j'ai entendu des coups de fusil pendant longtemps. Enfin je me suis mis en route, me dirigeant sur les montagnes des Beni-Snassen.

» J'ai marché pendant trois nuits, me dirigeant à l'aide des montagnes dans la direction de Nemours. Au commencement du troisième jour, pendant que j'étais blotti dans un buisson, des Arabes y sont venus cueillir des fruits et se sont arrêtés pour les manger. Vers les trois heures, chassé par la faim et par la pluie qui venait de tomber par torrents, j'ai repris mon chemin; je ne tardai pas à apercevoir un petit groupe d'Arabes, composé de quatre ou cinq personnes. L'un d'eux, marchant en tête, était sur un mulet; il me fit signe de m'approcher en me menaçant de son fusil. Je vins à lui en le priant de me conduire chez les Français qui lui donneraient de l'argent pour ma rançon. Sans répondre, il me donna un morceau de toile de tente pour me couvrir, m'emmena dans sa cave et me donna à manger. J'en avais grand besoin, car pendant trois jours je n'avais vécu que de quelques grains d'orge pris dans les champs. J'ai travaillé à la moisson chez cet homme, et il ne m'a pas maltraité. Il m'avait promis que la moisson terminée il me ramènerait chez les Français; mais tout était terminé, et il se faisait attendre, lorsque le 23 juillet, pendant que j'étais à cueillir des figues de Barbarie, un homme des Beni-Snassen qui était un des compagnons de mon patron, lorsque je le rencontrai pour la première fois, s'approcha en me parlant espagnol, et me montra un papier, que j'ai su depuis venir de M. Aymar, capitaine, employé au bureau arabe de Lalla-Marnïa. Comme j'étais surveillé par le nègre de mon patron, je n'osai pas le suivre. Mais trois jours après, le patron étant absent, il revint, et le nègre m'ayant dit de ne rien craindre de sa part, je suivis cet homme, qui me vendit la même nuit à un autre, et six jours après, mon nouveau maître me ramena à Lalla-Marnïa. Nous avons mis une grande journée pour faire le trajet. »

Quant à moi, monsieur, mon récit n'offrira ni les traits de courage du clairon Rolland, ni l'énergie de Delpech. Je ne dois ma vie qu'à la sensibilité d'un enfant.

Le jour désigné pour notre exécution, j'avais travaillé depuis le matin à transporter de la paille d'orge pour les chevaux de nos officiers. Je me couchai sans me préoccuper de la raison qui nous faisait loger par petits groupes dans les gourbis des réguliers de l'émir, et m'endormis profondément. Vers le milieu de la nuit, il me semblait être sous l'influence d'un horrible cauchemar dans lequel s'élevaient des cris et des plaintes d'agonie, lorsqu'en me réveillant j'entendis près de mon oreille une voix de femme qui disait : « Je suis Fatma : écoute, on égorge tes frères; mais si tu veux me suivre, je te sauverai. »

Je fis un bond pour courir au secours de mes camarades, la tente était vide.

Fatma reprit : « Les soldats sont partis avec tes frères pour les égorger dans le ravin. Je leur ai donné mes bracelets, pour qu'ils me laissent auprès de toi. Prends ce burnous et fuyons. »

Elle me conduisit jusqu'au bord de la rivière, et me dit : « Mets-toi à la nage, tu trouveras des villages kabyles derrière la montagne. Les cavaliers te conduiront chez toi.

— Tu viendras avec moi ! m'écriai-je.

Elle répondit : « C'est impossible, nous sommes séparés par nos dieux.

— Alors repris-je, j'irai à la *deïra* avec toi, et je deviendrai l'esclave de ton père. »

Elle m'expliqua que la mort de tous les Français ayant été ordonnée, son père ne pourrait rien pour me sauver la vie, qu'elle-même avait eu mille peines à se glisser parmi les réguliers et à les séduire pour me sauver, et que le seul moyen de ne pas être massacré était de fuir au plus vite; mais je ne voulais rien entendre.

En ce moment, nous entendîmes des voix féroces de gens enivrés de carnage, et à la lueur de l'incendie, nous aperçûmes un groupe de cinq ou six réguliers qui remontaient la rivière avec des torches et des sabres à la main.

Fatma me poussa dans un fourré de buissons et s'assit devant moi.

Les assassins arrivèrent à nous. L'un d'eux lui dit : « Que fais-tu là ?

— J'ai peur, répondit l'enfant.

— N'as-tu pas vu passer des prisonniers français qui cherchent à se sauver ? » reprit-il.

Elle réfléchit un instant, puis avec un effort :

« Oui, dit-elle, de ce côté. »

Et indiquant le côté opposé à celui par lequel elle m'avait commandé de fuir, elle se mit à courir devant eux et disparut en un instant dans l'obscurité.

Je restai longtemps anéanti. Quand je revins à moi, la fusillade avait cessé, et l'incendie s'éteignait. Il était petit jour. Quelques heures encore, et il serait trop tard pour fuir. L'instinct de la liberté reprit le dessus. Je me jetai dans la rivière et atteignis la rive marocaine de la Moulouia. J'errai pendant deux jours, marchant la nuit et me cachant dès que le soleil paraissait. Au bout de ce temps une petite caravane de juifs marchands me recueillit.

Les juifs marocains sont riches et hospitaliers. Ceux-ci, apprenant qui j'étais, me traitèrent avec bonté, ils m'emmenèrent avec eux à Tétouan, qui est une grande ville, où je gagnai un peu d'argent. Je restai un an à leur service. Au bout de ce temps le mal du pays me prit, et je retournai en France; mais mes parents étaient morts, et comme le bruit s'était répandu que j'avais perdu la vie dans le massacre de la *deïra*, des cousins s'étaient partagé leur humble héritage.

C'est alors que, n'ayant plus personne à aimer dans mon pays, je suis revenu en Afrique où je me suis fait colon.

La Délivrance.

Les onze prisonniers épargnés restent jusqu'au 1er juin sans connaître le sort de leurs camarades. — Nouvelles tentatives d'échange. — Les Arabes, lassés d'attendre, proposent aux prisonniers de se racheter personnellement. — Belle conduite du gouverneur de Melilla dans cette circonstance. — Les négociations sont longtemps retardées par divers incidents. — Lorsque les conditions sont déjà arrêtées, l'autorité française propose un échange auquel on ne donne pas suite. — Le 25 décembre l'échange a lieu. — Enthousiasme de la garnison et des habitants de Melilla en recevant les prisonniers. — Ils se rendent à Nemours, puis à Oran, où un pareil accueil les attend. — A Oran, on arrête les lettres que l'émir écrivait au roi au sujet de la grâce accordée par lui. — Les prisonniers rentrent en France. — Cérémonie funèbre accomplie sur la tombe des morts.

I

Ceux qui avaient accompagné M. Courby de Cognord à la prétendue diffa de Mortfa Ben-Thamis étaient au nombre de dix.

C'étaient MM. Marin, Hillairin, Larrazet, Cabasse, l'adjudant Thomas, Barbut, maréchal des logis, et les soldats Metz, Testard, Trottet et Michel.

« Partis du camp vers trois heures de l'après-midi, ils marchèrent jusqu'à huit heures du soir ; puis, comme on était arrivé dans une tribu des Hachem, on s'arrêta pour coucher. M. de Cognord demanda vainement l'explication de cette étrange conduite. Il lui fut répondu que Ben-Thamis avait changé de projet, et que ce serait Soliman, chef des Hachem, qui les recevrait le lendemain. Cette circonstance fit faire aux prisonniers, sur le motif de leur séparation d'avec leurs soldats, de bien tristes réflexions, et ils passèrent, comme on le pense bien, une nuit fort agitée.

Du reste, il en fut de même autour d'eux. Toute la tribu était en éveil : ce n'était autour de la tente de Soliman que bruit de voix, galop de chevaux, cliquetis d'armes et aboiements de chiens.

Le lendemain matin, pendant qu'on pansait les chevaux, les Français apprirent d'un guide bavard que des cavaliers envoyés par l'empereur du Maroc s'étaient présentés la veille dans le pays avec l'intention de délivrer les prisonniers, et que pour les empêcher d'accomplir ce dessein, on nous avait séparés. Le guide n'ajoutait pas que pour mettre aux desseins des Marocains un obstacle encore plus insurmontable, on avait massacré nos compagnons.

Vers neuf heures, on les conduisit vers Soliman, qui les reçut avec des paroles glaciales et un visage où se peignait, malgré lui, la plus vive inquiétude,

Il leur adressa à peine quelques mots, et les renvoya sous bonne garde dans une tente voisine. C'était là la diffa qu'on leur avait promise.

La journée se passa dans les plus vives appréhensions. Enfin, le troisième jour, on les ramena vers les réguliers de la deïra; mais ceux-ci avaient changé de camp, et quand ils demandèrent où étaient les autres prisonniers, on leur répondit que par ordre de l'émir, ils avaient été mis sur des chameaux et dirigés sur le Sahara, où Abd-el-Kader tenait en ce moment la campagne contre une colonne française.

« Par ordre du khalifat Ben-Thamis, dit M. Cabasse, on vint ce jour-là prendre nos armes et mon fusil que j'avais toujours conservé, et, contre l'habitude, une vingtaine de sentinelles entourèrent notre tente. L'enlèvement de nos armes, le silence de nos gardiens, ces précautions nous firent penser que nous allions être égorgés pendant la nuit. Avec les couteaux de ma boîte à amputation, à laquelle les Arabes n'avaient pas songé, nous nous mîmes à même de résister non avec l'espoir d'échapper, mais nous étions décidés à vendre chèrement notre vie.

» A quelque jours de là, nous entendîmes mettre notre tête à l'enchère, dans un café voisin de notre tente. J'ai appris plus tard qu'il avait été alors question de tuer les quatre soldats qu'on nous avait laissés, et que nous dûmes pour la seconde fois d'être sauvés à l'intervention de Bou-Hamedy. »

L'incertitude sur le sort de leurs camarades dura jusqu'au 1er juin, c'est-à-dire pendant plus d'un mois.

Durant toute cette période, le cercle de la captivité se rétrécissait chaque jour pour eux. La consigne devenait de plus en plus sévère. Ils ne pouvaient faire un pas sans être suivis.

Chaque jour ils attendaient des nouvelles de leurs malheureux compagnons, des nouvelles du gouverneur général, à qui ils avaient depuis si longtemps transmis les propositions d'échange de l'émir : rien ne venait. Ils avaient espéré que la solennité du 1er mai, jour de la fête du roi, serait peut-être pour eux un jour de délivrance. Le 1er mai passa, et rien ne fut changé dans leur sort.

Seulement, au lieu de renouveler leurs campements tous les deux ou trois mois, comme autrefois, on se mit à les faire voyager de douar en douar, leur donnant presque chaque semaine une nouvelle installation.

Aussi ils avaient rejoint le 27 avril les réguliers à El-Zaion. Ils en partirent le 6 mai pour Assi-Berkani, cette affreuse vallée où nous avions déjà été décimés par le scorbut. Au bout de six jours, le 18, ils plièrent encore leurs tentes et remontèrent la Moulouia. Le 28 arriva un nouvel ordre. Celui-ci était des plus pressants. On annonçait le voisinage d'une colonne française : leurs guides les jetèrent dans les gorges de la Zeuf.

Ils y étaient le 1er juin, quand on se décida, comme je l'ai dit, à annoncer à M. de Cognord que ses deux cent soixante-quatre soldats laissés au camp le soir du 24 avril avaient été massacrés pendant la même nuit par ordre supérieur, parce que les Marocains avaient voulu les prendre de force.

On le pria en même temps, pour en finir, et afin que la même chose n'arrivât pas à ce qui restait de prisonniers, d'écrire à M. le maréchal Bugeaud et de lui demander s'il voulait donner en échange quinze Arabes détenus à Sainte-Marguerite.

M. Courby de Cognord, de concert avec ses camarades, fit aussitôt la pétition demandée, et y joignit une lettre pressante pour M. le général Cavaignac. Chaque missive contenait le récit du massacre du 24 avril.

Le général Cavaignac répondit le 17 juin, que la dépêche avait été transmise par lui à M. le gouverneur et qu'il y avait tout lieu d'espérer une prompte solution. Il joignait à son envoi un brevet de lieutenant colonel pour M. de Cognord, des croix pour MM. Larrazet et Thomas, et une somme de six cents francs.

Cet envoi fut loin d'exciter les mêmes transports que celui du 1er janvier précédent. Le bon vouloir de M. Cavaignac était bien connu des prisonniers, mais ils ne savaient que trop qu'il ne dépendait pas de lui de les sauver. Toute leur énergie s'émoussa;

ils tombèrent tous plus ou moins malades, et le docteur lui-même fut atteint.

Cependant la réponse du gouverneur n'arrivait pas. M. de Cognord écrivit de nouveau : « Le chargé d'affaires d'Abd-el-Kader est revenu me trouver, disait-il, pour me remettre les noms des prisonniers qu'il demande en échange de nous, m'engageant à vous les adresser directement afin que cette affaire soit traitée le plus tôt possible. Il ne nous a pas dissimulé qu'il désirait d'une façon ou d'une autre une prompte solution. Je m'abstiens, M. le gouverneur, de faire toute espèce de réflexions sur notre position dont vous comprenez toute la gravité. Voici la liste des prisonniers arabes demandés par Abd-el-Kader en échange des onze prisonniers français : la famille de Sidi-Kaddour-ben-Allah, Kaddour-ben-Aoussi, Moktar-ben-Aïssa, Ben-Rebah, El-Adj-Ahmed-Ould-Azzi, Mohammed-Ould-Ali-Ben-Klika, Ben-Osman, Ould-Adj-Ali, Sidi-Embareck, Mortfaould-Cheik, Hamed-Ould-Gaeïd, Hamed-el-Aouari. »

On attendit encore deux mois sans que cette lettre eût un autre résultat que la précédente.

Décidément les prisonniers étaient oubliés [1].

[1] Les papiers officiels révèlent l'intérêt de M. le gouverneur général pour les captifs de Sidi-Brahim, par la proclamation suivante, qui fut répandue dans les tribus :

« Arabes et Kabyles,

» Vous avez peut-être appris l'acte barbare exécuté sur trois

Les Arabes perdaient patience. Ils étaient embarrassés de ces gens dont le gouvernement français faisait si peu de cas et qui les gênaient dans leurs migrations journalières. Quelques-uns voulaient qu'on les massacrât pour en finir ; d'autres proposaient de

cents prisonniers français par Abd-el-Kader, fils de Mahi-Eddin, que vous appeliez autrefois votre sultan.

» Voyant que ces prisonniers étaient réclamés par l'empereur du Maroc, ou qu'ils allaient être délivrés par notre armée, ou bien encore qu'ils étaient incommodes à nourrir et à garder, il a ordonné de les égorger, et ils ont été égorgés.

» Tout Arabe doué de bon sens et de religion comprendra que c'est là un acte de désespoir qui prouve que le fils de Mahi-Eddin est abandonné de Dieu et des hommes.

» On comprendra aussi qu'il n'est pas plus humain envers les musulmans qu'envers les chrétiens ; car en assassinant les trois cents prisonniers de Djemma-el-Ghazaouat, il exposait à notre vengeance les quatre ou cinq cents prisonniers arabes qui sont en France ou dans les places sur les côtes de l'Algérie. Cette crainte, à défaut de religion, aurait dû l'arrêter ; mais il est aussi féroce que les lions et les panthères : il recueillera les fruits de son horrible conduite.

» L'empereur Muley-Abd-er-Rhaman n'aura plus pour lui aucun intérêt, et les tribus qui lui restent attachées ne pourront conserver leur amour à celui qui a commis le meurtre de trois cents prisonniers sans aucune nécessité.

» Ne craignez pas que nous répondions à sa barbarie par une vengeance qui pourrait être vingt fois plus forte. Il ne sera fait aucun mal aux prisonniers arabes, ils seront traités comme ils l'étaient avant. Vous verrez par là l'énorme différence qu'il y a entre notre humanité et le caractère d'Abd-el-Kader, et vous regretterez certainement d'avoir sacrifié vos biens et vos personnes pour défendre la cause d'un homme aussi exécrable. »

les vendre sur quelque marché d'esclaves : tous redoublaient envers eux de mauvais traitements.

Un jour, pendant qu'ils étaient encore campés dans les gorges de la Zeuf, on annonça l'arrivée de l'émir. Cette nouvelle produisit sur eux une impression favorable : il leur sembla que la personne d'Abd-el-Kader allait enfin amener une solution pour eux. Ils sollicitèrent une entrevue. L'émir refusa d'abord de les recevoir : « Je n'ai rien à leur dire, répondait-il aux envoyés ; ils me parleraient de leurs frères morts, et je ne pourrais leur répondre. » Enfin, à la sollicitation d'El-Adj-Bechir, son frère de lait, et de Juliette, il consentit à les entendre à condition qu'il ne serait aucunement fait allusion au massacre.

Il les reçut au pied d'un arbre, assis, son chapelet à la main, et vêtu avec la simplicité recherchée des *tolbas* (savants). Bou-Hamedy, nouvellement réconcilié avec lui, était à ses côtés. Ce fut ce dernier qui prit la parole.

Pendant tout l'entretien, qui dura assez longtemps, l'émir ne leva les yeux sur ses prisonniers qu'une seule fois. Ce fut au moment où ayant interrompu Bou-Hamedy au milieu d'une phrase, il s'informa lui-même quel était le chef, et regarda M. de Cognord, qui lui répondait.

Il n'est pas douteux qu'Abd-el-Kader avait été profondément ému en voyant paraître devant lui des hommes qui pouvaient lui reprocher l'exécution à laquelle avait présidé son beau-frère; son cœur et sa gloire avaient également à souffrir d'une conduite si peu en harmonie avec ses actes habituels. Il partit sans donner aucun ordre qui les concernât.

II.

Leur vie errante continua jusqu'au 18 septembre. A cette époque ils étaient campés sur les rivages du Riff, à quelques lieues seulement de Melilla. Leur captivité durait depuis 15 mois.

Le 18 septembre donc, un krodja (secrétaire) du khalifat Kaddour-ben-Allel vint leur dire que s'ils voulaient racheter leur liberté pour de l'argent, puisque l'échange de prisonniers proposé par l'émir n'avait pas reçu de réponse du gouverneur, peut-être serait-il possible d'entrer en pourparlers, non pas avec Abd-el-Kader qui se refuserait infailliblement à ce marché, mais avec lui khalifat qui s'engageait sur sa tête à leur fournir les moyens de regagner leur patrie.

On comprend ce qu'une pareille nouvelle dut jeter d'émotion dans le cœur des pauvres délaissés qui avaient vu mourir tous leurs compagnons et qui s'attendaient eux-mêmes tous les jours au même sort. Pour la première fois depuis bien des mois ils s'endormirent avec l'espérance de revoir la France.

La difficulté était de régler le prix de la rançon. Les Arabes demandaient soixante mille francs (12,000 douros) ; M. Courby de Cognord, faisant sentir qu'il traitait en son propre compte et en celui de ses camarades, une somme qui devait être payée sur leur fortune personnelle, et non point par le gouvernement français, refusait d'aller au delà de vingt mille.

Les négociations de ce marché à l'enchère durèrent encore deux mois. Les Arabes espéraient toujours que M. de Cognord céderait. Celui-ci continuait de répondre qu'il ne pouvait traiter que pour une somme en harmonie avec sa fortune.

Alors les Arabes abaissèrent le chiffre de la rançon à cinquante mille francs ; puis, à quarante mille ; puis, enfin, à trente-trois mille. L'état déplorable de la santé de M. Hillairin, que ces alternatives d'espérance et de crainte, de voir chaque jour réussir ou échouer les négociations entamées, avaient considérablement affaiblie, déterminèrent ses compagnons à accepter cette dernière base.

Avant de rien stipuler on exigea de chacun d'eux qu'il signât la pièce suivante :

« J'ai été bien traité pendant ma captivité chez l'émir. J'ai reçu pour nourriture du blé, du sucre, du café, de la viande, du beurre et des oignons. Je n'ai été ni frappé ni insulté. Nous avions écrit une fois de la part du khalifat Bou-Hamedy pour l'échange des prisonniers lorsque Abd-el-Kader était dans le Sahara ;

la réponse de M. le gouverneur ne nous est pas parvenue. Lorsque nos hommes ont été sacrifiés, nous avons demandé les motifs qui avaient amené cet acte; on nous a répondu que c'était parce que le Maroc voulait les avoir de force. Abd-el-Kader nous envoie à Melilla sans qu'il nous ait personnellement demandé d'argent. »

On voit par la lecture de cette pièce, que si le gouverneur M. Bugeaud refusait de traiter avec l'émir pour ne pas paraître reconnaître son autorité sur les Arabes, celui-ci, de son côté, en supposant qu'il fût complice du marché qui se trâmait, ne voulait pas en prendre la responsabilité vis-à-vis l'opinion publique.

Après avoir signé la déclaration, on leur facilita les moyens d'adresser immédiatement la lettre suivante à M. Démétrius Maria de Benito, colonel gouverneur de Melilla :

« Aïn-Zora, 5 octobre 1846. — Monsieur le gouverneur, onze prisonniers français, parmi lesquels sept officiers, seuls survivants d'un grand désastre, pleins de confiance dans la sympathie de votre nation pour la leur, et convaincus d'avance de l'extrême bienveillance avec laquelle vous accueillerez personnellement leurs prières, viennent s'adresser à vous pour les retirer au plus tôt de l'abîme de misère dans lequel ils sont plongés depuis plus d'un an. Nous sommes convenus de payer une rançon de six mille douros (d'Espagne), pour être rendus dans la place que vous commandez et qui nous a été désignée comme le point où l'on consentirait à nous livrer; nous envoyons un cavalier à Melilla pour être certains que vous pourrez mettre cette somme à notre disposition .ı savoir le jour où elle le sera. Aussitôt que les Arabes qui nous ont en leur pouvoir apprendront que vous accédez à notre prière, nous serons immédiatement dirigés près de Mellilla, et là, nous prendrons par correspondance avec vous, toutes les mesures nécessaires pour qu'il y ait sûreté et bonne foi dans cette opération. Nous attendons au plutôt et avec toute l'anxiété du désespoir une réponse de vous, M. le colonel. C'est la dernière planche de salut qui nous reste; nous vous devrons plus que la vie si elle nous est favorable, et la reconnaissance d'un semblable bienfait ne peut s'exprimer qu'en se serrant la main. Quant à la reddition de cet emprunt, c'est une affaire que je réglerai avec vous aussitôt que nous serons rendus à la liberté. Veuillez, etc. Le lieutenant-colonel Courby de Cognord. — *P. S.* Le porteur a reçu l'ordre de ses chefs de ne rester qu'une heure ou deux pour attendre la réponse. Il doit en outre ignorer le sujet de sa mission. »

Le gouverneur répondit aussitôt :

« Melilla, le 10 octobre 1846. — A M. le lieutenant colonel Courby de Cognord. — Monsieur, je recois votre lettre en date du 5 octobre. J'apprends avec le plus grand chagrin, mêlé de plaisir, que vous vivez ainsi que vos autres camarades d'infortune. Je suis disposé à tout faire qui puisse vous être agréable. Je vous accueillerai dans ma place avec joie, et j'aurai le plus doux plaisir à contribuer à vous rendre la liberté; mais je dois vous dire qu'il est ici tout à fait impossible de réunir les six mille douros que vous avez offerts pour votre rançon. Tout ce que je puis faire, et que je ferai volontiers, sera de garantir le paiement aux Arabes qui vous conduiront chez moi. — En attendant, je reçois l'occasion d'un bateau qui est en rade, et je l'envoie à Malaga ou à Ghazaouat pour avertir les autorités françaises de votre demande et de votre compromis. Si les Maures qui vous gardent veulent croire à ma parole et à l'assurance que je leur donnerai de les satisfaire de six mille cent douros, ils doivent vous conduire et vous remettre à ma disposition. Je serai charmé de vous délivrer et de vous rendre à votre patrie et à votre famille. — Comptez sur ma tendresse et ma bonne volonté pour vous et vos camarades, et recevez l'assurance de mon estime et de ma sympathie. »

Cette lettre, montrée aux Arabes, ne leur parut pas une garantie suffisante. M. de Cognord écrivit une seconde fois :

« Aïn-Zora, 14 octobre 1846 — Monsieur le gouverneur. — Nous avons reçu votre lettre du 10 courant. Nous avons vu avec une grande joie les espérances que vous nous donnez. Il est malheureux qu'elles n'aient pu se réaliser de suite. Les Arabes qui nous tiennent en leur pouvoir veulent être certains, avant de nous faire partir, que vous avez les six mille cent douros, et sont disposés à nous conduire à Melilla du 25 au 30 octobre. *Mais il est essentiel que vous spécifiez dans votre réponse que vous aurez cette somme à cette époque.* — Nous vous sommes très-reconnaissants, M. le colonel, de l'empressement avec lequel vous avez accueilli notre prière. Nous comptons encore sur votre obligeance pour ne mettre aucun retard à faire parvenir pour l'époque fixée la somme en question. — Le plus léger retard pourrait nous coûter cher. »

III

On voit aisément par cette correspondance quelles étaient les appréhensions des prisonniers et leur impatience. Par malheur, le généreux colonel de Benito, n'ayant pas en sa possession les trente-trois mille francs demandés par les Arabes, ne pouvait aller plus vite que la diplomatie française, à laquelle il s'était adressé pour se procurer cette somme.

Le consul de France à Malaga, aussitôt averti, s'était cependant empressé d'en référer au gouverneur d'Oran, qui était alors le général d'Aboville. Celui-ci regarda d'abord la négociation comme à peu près impossible: cependant, ayant fait appeler deux officiers de marine du *Véloce*, qui était alors dans son port, le commandant Bérard et l'enseigne Durande, il leur fit remettre les trente-trois mille francs avec les instructions que voici :

« Commandant, avant votre départ, je tiens à vous répéter que je vous laisse entièrement libre de donner une suite quelconque à l'affaire dont je vous ai entretenu ce matin. Si donc vous vous aperceviez pendant votre séjour à Melilla qu'il n'y a rien à espérer en faveur de nos pauvres compatriotes, ramenez ici M. Durande et l'argent qui lui est confié. Si même vous trouviez que le gouverneur est mal disposé et qu'il n'est pas possible de loger M. Durande à Melilla sans l'exposer à se faire voler, prenez également sur vous de tout ramener. Enfin, je laisse à votre sage appréciation le soin de donner à cette affaire toute la suite dont elle est susceptible. »

Le *Véloce* exécuta l'ordre qu'il avait reçu. Seulement, au lieu de jeter M. Durande dans Melilla, ce fut M. le gouverneur de Benito lui-même qui les reçut, promettant de se mettre au lieu et place de l'officier français que d'autres ordres appelaient ailleurs.

Mais tout cela demanda encore du temps et laissa croire aux prisonniers qu'ils avaient été abandonnés même par cet excellent colonel de Benito qui leur avait écrit de si affectueuses lettres.

Enfin, le 25 octobre, un espion sortit de Melilla pour aller annoncer aux prisonniers que l'argent était prêt.

Cet homme était un Arabe sûr et rusé. Il se présenta au camp comme un malade qui venait consulter le *toubibe* (docteur). On le laissa s'approcher sans méfiance, car ces sortes de consultations étaient fréquentes. Au moment où M. Cabasse lui tâtait le pouls, l'Arabe lui glissa dans les mains le billet du gouverneur de Melilla. Il était ainsi conçu :

« J'ai l'honneur de vous avertir que les six mille cent douros sont entre mes mains pour votre délivrance ainsi que celle de vos camarades d'infortune. En conséquence, venez dans ma place : cet argent sera remis aussitôt que vous serez en liberté. — Que j'aurai de plaisir à vous recevoir chez moi et à vous embrasser comme si vous étiez mes enfants. Je vous attends les bras ouverts. Le jour où j'aurai ce plaisir sera bien beau pour moi. — Adieu, cher ami et camarade ; recevez mes vœux pour votre bonheur, et l'assurance de mon estime et de mon dévouement. »

Après que nous eûmes pris connaissance de la lettre, raconte M. Cabasse, je retournai près de celui qui l'avait apportée ; il causait avec mon gardien. Je le questionnai sur sa prétendue maladie ; je lui dis de revenir dans deux heures, parce qu'il avait mangé, et que je ne pouvais pas alors lui donner de médecine. Je préparai le billet suivant :

« Votre lettre nous a causé le plus grand plaisir, seulement elle aurait du être remise au chef du camp; prévenez-le et conservez par devers vous la somme demandée. Nous espérons d'ici peu pouvoir vous remercier de tout ce que vous avez fait pour nous et vous témoigner l'expression de notre profonde reconnaissance. »

Je pris une boîte dans laquelle étaient mes médicaments, et je fis appeler mon homme. Je lui fis avaler un verre d'eau sucrée; je mis du sucre mélangé à de la poudre de réglisse dans mon billet que je pliai comme une lettre, et lui recommandai de prendre la *doua* (médecine) le lendemain. Sa figure ne trahit pas la moindre émotion; il y allait cependant de sa tête s'il avait été reconnu comme espion.

L'innocent stratagème du jeune docteur réussit à merveille. L'envoyé rentra à Melilla sans encombre, et treize jours après, les prisonniers apprirent que les chefs arabes négociateurs de leur évasion avaient reçu de M. de Benito l'avis officiel que la rançon était prête. Ce fut, comme on le pense bien, pour eux un grand sujet d'actions de grâces.

IV

Abd-el-Kader, depuis longtemps absent de la deïra, y rentra le 29 octobre. Les prisonniers ne savaient trop s'ils devaient s'applaudir ou non de cette circonstance, lorsque leur chef, M. Courby de Cognord, fut appelé secrètement devant une espèce de conseil composé de quatre chefs importants, Mortfa Ben-Thamis, Kaddour-Ben-Allel, Sidi-Cheriff et El-Adj-Habib, avec Juliette et un renégat nommé Martin pour interprètes. Arrivé là, on lui annonça que le lendemain ses compagnons seraient présentés à l'émir ; qu'ils feraient bien de profiter de cette occasion pour implorer la clémence du sultan, mais qu'il était important de ne rien dire des six mille douros.

La leçon était facile à retenir. Le colonel vint la répéter à ses camarades, et tous ensemble passèrent la nuit à faire des projets d'espérance.

Le lendemain l'émir demanda en effet à les voir. M. de Cognord lui adressa la supplique telle qu'elle avait été convenue la veille entre les khalifats et lui. Abd-el-Kader ne fit aucune réponse. Alors les intéressés prirent la parole à leur tour et parlèrent fort longuement. L'émir les laissa dire sans paraître s'émouvoir. Il congédia les prisonniers en disant que dans la soirée ils recevraient ses ordres.

Cette demi-journée parut un siècle. La nuit arriva enfin, et l'un des khalifats, entrant dans la tente des Français, leur dit : « L'émir vous rend la liberté ! Il désire que vous soyez dirigés sur Melilla et envoyés directement au roi avec son ambassadeur.

Il récuse toute intervention des autorités françaises d'Algérie. »

Le khalifat ajouta qu'ils ne pourraient partir que dans deux ou trois jours, parce que le pays à traverser n'était pas sûr, et qu'il fallait prévenir les chefs des tribus voisines qui devaient leur servir d'escorte. On voit que jusqu'au dernier moment l'émir redoutait un coup de main du Maroc.

Ces deux ou trois jours durèrent si longtemps que le gouverneur de Melilla crut que tout était rompu, et écrivit une nouvelle lettre, le 25 novembre, à M. de Cognord pour lui faire part de ses appréhensions. Cette lettre força les khalifats à fixer le 20 comme dernière limite.

Le 19, le renégat Martin vint apporter une étrange nouvelle. C'est que l'émir venait de recevoir du général Cavaignac, pour M. de Cognord, mille francs, et une lettre dans laquelle on annonçait que les prisonniers arabes depuis si longtemps demandés en échange des captifs français étaient en route pour l'Algérie. Cette importante nouvelle fut sans doute considérée par Abd-el-Kader comme arrivant trop tard. La lettre ne fut jamais communiquée à M. de Cognord. En voici la copie :

« Le 3 octobre 1846. — A M. le colonel Courby de Cognord, en captivité chez Abd-el-Kader. — Mon cher colonel, ainsi que je vous en avais donné avis, votre dernière lettre, en date du 15 août, a été transmise à M. le gouverneur. Le maréchal duc d'Isly a décidé que les ouvertures indirectes faites par Abd-el-Kader au sujet de votre échange seraient acceptées. J'ai reçu l'ordre d'entrer en négociations avec Abd-el-Kader, et d'autres ont été donnés pour que les personnes demandées par lui soient dirigées sur Oran. — Depuis cette dernière lettre, il s'est écoulé nécessairement un long intervalle; il ne pouvait en être autrement. Les prisonniers réclamés par Abd-el-Kader sont maintenant en route, mais je n'ai pas avis de leur arrivée à Oran. Je sais que, par suite de diverses circonstances dont il est inutile de vous entretenir, dans le cas où une partie d'entre eux serait déjà débarquée en Afrique, il pourrait encore y avoir retard dans leur réunion. Cette considération me décide à vous écrire à présent, et à ne pas attendre, ainsi que j'en avais d'abord le projet, que les prisonniers que réclame Abd-el-Kader fussent en mon entière disposition. En vous écrivant immédiatement, j'ai pour but d'améliorer votre position morale et matérielle, d'éloigner de vous les dangers qui vous entourent; mais j'ai aussi pour motif de traiter immédiatement certaines questions qui vous mettront à même de faire connaître de quelle manière l'opération doit être conduite. Il faut, en effet : 1° qu'il dresse sur une liste, en regard de chacun de vos noms, le nom des personnes qu'il demande en échange; 2° que nous convenions du jour et du lieu où l'échange doit s'accomplir ; 3° qu'arrivés sur le terrain, la présence des prisonniers soit constatée par les deux partis ; 4° que leur présence une fois constatée, l'échange s'accomplisse avec telles précautions qui pourront avoir été convenues. — En ce qui concerne la première formalité à remplir, il faut attendre que j'aie reçu la liste que je vous demande, et que les prisonniers arabes soient en mon pouvoir. En ce qui concerne la seconde, vous pouvez déclarer à Abd-el-Kader qu'elle ne s'accomplira pas dans l'intérieur de notre territoire, mais sur tel point de la rivière du Kiss qui pourra lui convenir. Si la disposition manifestée par lui est sincère, cette condition ne peut être un obstacle, et il ne dépend pas de moi de la modifier. Quant au jour de l'échange, celui qu'il voudra me conviendra aussi. J'arriverai sur le lieu désigné la veille du jour fixé par lui, et j'en repartirai le lendemain de ce jour, quel qu'ait été le résultat de ma présence. Pour les dernières formalités, j'accepterai la marche qui lui conviendra. — Il me reste, mon cher colonel, à vous faire connaître ma dernière mesure, qui devra être rigoureusement observée. A l'exception du dernier cavalier qui a apporté votre lettre du 15 août, et dont la conduite a été parfaitement convenable et digne, tous ont profité du caractère de leur mission pour remettre des lettres secrètes dans le pays et pour se livrer à l'espionnage. Je vous prie de déclarer à Abd-el-Kader que la négociation ouverte sera traitée par correspondance directe, que les lettres à échanger entre nous devront être apportées à Lalla-Marnïa, et que toute lettre portée sur un autre point restera non-seulement sans réponse, mais le négociateur sera publiquement expulsé du territoire algérien. — Vous comprendrez, mon cher colonel, sans mon secours, le motif des différentes réserves que je fais ici. Vous comprendrez aussi que, agissant en cela conformément aux ordres qui m'ont été donnés, aucune considération ne me déciderait à m'en départir. Si notre ennemi a réellement l'intention d'accomplir cet échange pur et simple des prisonniers, je puis vous annoncer que toutes les facilités lui seront faites; mais rien ne m'autoriserait à lui fournir une occasion d'exploiter à son profit une opération qui devra conserver son véritable caractère. — Vous êtes d'une trempe assez forte, mon cher colonel, pour que je puisse vous parler avec sincérité, même de la cruelle position où vous êtes. Aussi longtemps que l'ennemi a été sur notre territoire, traiter avec lui à un titre quelconque eût été perdre d'avance le fruit de tous les efforts de l'armée : aujourd'hui il n'en est plus de même, et les inconvénients qui en pourraient résulter encore disparaissent devant le prix que le gouvernement attache à vous faire rentrer dans les rangs d'une armée qui s'honore toujours de vous compter parmi les siens. — Si Abd-el-Kader est sincère, votre retour parmi nous est indubitable :

mais il ne lui sera fait aucune condition de nature à compromettre la dignité du gouverneur, qui pour une fois aura consenti à une négociation quelconque avec lui. — Assurez ceux de nos camarades qui vous entourent de l'impatience que nous avons de les revoir. Je remets au porteur mille francs pour vos besoins les plus urgents. Recevez, etc. »

Il faut avouer que le contenu de cette lettre n'était guère de nature à engager Abd-el-Kader à entrer en négociations. On lui assignait un lieu d'échange tout peuplé de ses ennemis; on refusait de traiter avec lui au nom du gouverneur, de peur de reconnaître son autorité; on menaçait ses courriers. Il était naturel que tout homme de cœur donnât plutôt à ses prisonniers la liberté pure et simple en se réservant le recours au roi que d'accepter des conditions pareilles. C'est ce qu'il se hâta de faire.

V

Le 24 novembre au matin, le son du tambour annonça que la petite caravane allait se mettre en marche. Elle était composée de onze prisonniers, d'une forte escorte, et de Thérèse Gilles qui avait obtenu de rentrer avec eux en France. Juliette, malgré ses instances, n'avait pu partager la même faveur. Abd-el-Kader avait refusé en disant qu'elle était mariée à son frère de lait et qu'elle lui faisait besoin. La pauvre enfant suivit longtemps les prisonniers du regard en agitant son mouchoir: puis elle rentra en pleurant sous sa tente. Tout espoir de revoir la patrie s'évanouissait pour elle.

M. Hillairin mourant suivait ses compagnons dans un palanquin qu'on avait attaché sur un chameau. On espérait que l'air de la mer et la joie de la liberté le remettraient; mais il était trop tard. Il expira dans la nuit qui suivit la première journée de marche. Ses amis implorèrent en vain la faveur de porter son cadavre jusqu'à Melilla pour l'ensevelir dans une terre chrétienne; le chef de l'escorte s'y opposa. Ses compagnons d'infortune lui creusèrent une tombe dans le lit d'un ruisseau, au milieu d'un bouquet de lauriers-roses, et l'ensevelirent enveloppé d'un burnous, sans autre pompe funèbre que des prières et des larmes.

Le lendemain 25, vers trois heures de l'après-midi, l'escorte atteignit le rivage de la mer et se trouva en face de Melilla. La liberté n'était plus qu'à deux pas.

Dans une balancelle, entre Melilla et la pointe de la Bastinga qui avait été désignée comme lieu d'échange, étaient déjà les trente-trois mille francs, avec M. Durande et un jeune officier espagnol, don Luis de Cappa.

Dès qu'il aperçut les prisonniers, don Luis n'eut

plus la force de se contenir. « Il sauta à la mer, gagna la côte et alla se jeter dans les bras de M. Courby de Cognord. C'était une grande imprudence, car rien n'était fini encore ; et comme les Espagnols de Melilla sont constamment en guerre avec les tribus voisines, qui se relèvent de quatre en quatre jours pour les assiéger, don Luis pouvait, si rien ne se décidait, rester prisonnier avec les Français.

» Ce fut la première observation que lui fit M. de Cognord après l'avoir serré sur son cœur. « Au nom » du Ciel, lui dit-il, retournez à bord. — Oh ! ma » foi, non, répondit don Luis dans son enthousiasme » juvénile ; en quittant Melilla, j'ai juré que vous » reviendriez avec moi ou que je m'en irais avec » vous. » Don Luis resta donc.

» Cependant les Arabes paraissaient de bonne foi, et aussi pressés de toucher l'argent de M. Durande que M. Durande de récupérer les prisonniers [1].

On envoya une barque chargée d'Arabes à bord pour vérifier les sacs. Tout y était. Alors les Français montèrent dans une autre barque ; et tandis que la première quittait la balancelle pour retourner au rivage, la seconde quitta le rivage pour conduire les Français à la balancelle.

Tous ne se crurent bien sauvés que lorsqu'ils sentirent sous leurs pieds les planches d'une barque française. Alors il leur devint impossible de parler ;

[1] Dumas, *le Véloce*, t. I. p. 343.

mais les larmes qu'ils versaient en s'embrassant en disaient plus que les plus éloquentes paroles.

VI

Sur la jetée du port de Melilla, l'excellent gouverneur don Maria de Benito attendait les exilés avec tout son état-major et la garnison sous les armes. La foule se pressait derrière eux.

C'était à qui les verrait, leur parlerait, leur serrerait la main, leur sourirait. Des torches éclairaient les rues, les cloches sonnaient à toute volée, le canon grondait sur les forts, les tambours battaient aux champs : c'était une joie, une ivresse, un délire comme si la reine d'Espagne elle-même eût visité ces rivages.

Un magnifique repas était préparé chez le gouverneur ; tous y prirent place autour de lui. On y fit même asseoir l'envoyé de l'émir, Kada-Ben-Achemy, qui était porteur de lettres pour le roi de France. On but à l'amitié, à la reine d'Espagne, à la liberté, à Louis-Philippe, un peu à tout. Le vin de Xérès est si bon, et il y avait si longtemps que les prisonniers n'en avaient bu! Enfin, un peu après minuit on se sépara, et chacun des convives emmena avec lui un Français pour cimenter l'hospitalité par l'offre d'un bon lit.

Le maréchal des logis Barbut, dont j'ai le récit sous les yeux, raconte qu'il y avait si longtemps qu'il couchait sur la terre et à tous les vents, qu'il lui fut impossible de fermer l'œil dans la chambre qu'on lui avait donnée. Il fut obligé de prendre son tapis de pieds et d'aller s'étendre sans autre matelas sous un arbre dans le jardin.

Au réveil, le lendemain, on apprit qu'un accident assez fréquent dans ces parages était arrivé pendant la nuit. Un serviteur de Kada-Ben-Achemy était resté pour quelque office sur le rivage avec les réguliers. Pendant la nuit, ce malheureux, impatient de rejoindre son maître, se jeta à la mer pour traverser le passage qui sépare la plage de Melilla. Comme il nageait, la sentinelle, l'ayant aperçu, a crié *Qui vive!* L'Arabe ne répondit pas. Fidèle à sa consigne, le factionnaire l'a couché en joue, et son corps traversé d'une balle s'est enfoncé dans la vague pour ne plus reparaître. On expliqua cet accident à Kada, qui se contenta de répondre : « Dieu l'a voulu (Mouleyna). »

Ce jour-là, la matinée fut employée à rendre grâces à Dieu. On célébra une messe solennelle à laquelle assista toute la ville.

On attendait le *Véloce*, qui était allé chercher M. A. Dumas à Cadix et qui devait toucher Melilla pour prendre les prisonniers. Mais leur impatience était si grande d'aller serrer la main de leurs camarades de Nemours, qu'ils n'y purent tenir. Ils s'embarquèrent, à trois heures du soir, sur la balancelle de M. Durande. La traversée n'était pas longue ; mais la mer devint tout à coup si mauvaise, qu'après tant de miraculeuses péripéties, peu s'en fallut que leur odyssée ne se terminât tout à coup par un naufrage. Enfin, vers cinq heures du matin, ils touchèrent terre, et vinrent frapper à la porte de cette pauvre petite forteresse qu'ils avaient quittée depuis quinze mois et qui était pour eux le sol de la patrie.

Les embrassements, les félicitations, les festins, les toast qui avaient eu lieu à Melilla, se renouvelèrent à Nemours. Cela dura trois jours, c'est-à-dire jusqu'au 31 novembre.

On s'embarqua pour Oran le 1er décembre, et l'arrivée dans cette ville fut un nouveau triomphe. Les prisonniers étaient à peine à terre, qu'on leur annonça que M. le gouverneur général Bugeaud d'Isly venait d'arriver. Ils réclamèrent l'honneur de lui être présentés. Le maréchal leur fit l'accueil le plus flatteur.

Avec eux était Kada-Ben-Achemy. L'envoyé d'Abd-el-Kader demanda à être embarqué de suite pour France. Il dit à M. le gouverneur : « Je suis chargé par mon seigneur et maître, le sultan Abd-el-Kader, de remettre une lettre au sultan des Français, une au maréchal Soult, ministre de la guerre, et une troisième au maure Bou-Derba qui habite Marseille. »

Le maréchal répondit : « Ton maître Abd-el-Kader ne peut s'adresser qu'à moi ; ici je suis le roi. S'il désire la paix, il ne peut l'obtenir par un traité, puisqu'il n'est rien. Il n'a que deux chemins à suivre : reprendre le pays par la force des armes ou venir se rendre. Dis-lui que s'il avait renvoyé les prisonniers français sans rançon, je lui en aurais rendu le triple.

— Mon maître ne sait pas que vous avez payé six mille cent douros, repartit Kada.

— Comment, ton maître pourrait-il ignorer que les prisonniers ont été vendus, puisque le marché s'est traité en face de tout son camp, et que l'argent est resté un jour en vue de six cents Arabes à la pointe de Bastinga? »

Le maréchal ajouta que des propositions d'échange avaient été faites par lui à Abd-el-Kader, et que loin d'y répondre, il avait gardé les mille francs destinés aux prisonniers qui accompagnaient ses lettres. « C'était donc, dit-il avec dédain, de l'argent, rien que de l'argent qu'il lui fallait. »

Sur ce, gardant les lettres, il fit jeter Kada-Ben-Achemy hors de la ville, avec ordre de le ramener à son maître.

Cette conduite était une nouvelle insulte.

VI

La lettre de l'émir au roi est pleine d'intérêt, et explique bien des choses. En voici la copie exacte :

« Louange à Dieu clément et miséricordieux et à notre seigneur et maître Mohamed. — De la part du prince des croyants, Sidi-el-Adj-Abd-el-Kader-Ben-Mahi-Eddin, que Dieu favorise de ses grâces en ce monde et dans l'autre, au sultan des sultans des chrétiens, dont le gouvernement est des plus élevés et dont la gloire doit servir d'exemple aux autres nations, celui qui doit désormais être le type de la plus haute célébrité, celui dont l'héroïsme et la magnanimité sont de nos jours le plus éclatant modèle, le césar des siècles, le protecteur de la piété et des vertus, celui qui a acquis au plus haut degré la connaissance de la direction sage d'un peuple ainsi que des besoins nécessaires à son bien-être, le chef suprême des armées françaises, le roi Louis-Philippe, dont Dieu veuille faciliter constamment les projets dans leur exécution en tout ce qui concerne le bonheur de son peuple, et notamment pour élever celui qui suit la bonne voie et abaisser celui qui a des intentions contraires : salut, miséricorde et bénédiction.

» Les jours sont changeants ; la guerre offre ses chances variées ; chaque événement nécessite un à-propos, et l'espace est indispensable à celui qui veut marcher. Tout mortel a son livre de destin, comme tout inventeur a ses chances de réussite.

» Je viens rappeler à votre souvenir que dès le principe nous avons accepté la paix avec bonheur. Nous avons aussi accepté sans difficulté les conditions que vous avez dictées, et nous nous réjouissions de vivre avec vous en bonne intelligence. Votre approbation personnelle consolidait d'une manière durable les traités de paix conclus entre nous. A cela sont venus se joindre des présents de part et d'autre qui n'ont pu qu'affermir les sentiments d'amitié d'où naît le bien-être général.

» Nous sommes restés dans cette position jusqu'au moment où plusieurs personnes influentes de l'Algérie écoutèrent la pensée perfide de porter la mésintelligence entre nous, en nous dépeignant à vos yeux comme répréhensible et coupable, lorsqu'au contraire j'avais lieu de me plaindre de leur injustice à mon égard. Je vous ai écrit maintes fois confidentiellement et officiellement. Mes lettres vous mettaient au courant de tout : aucune d'elles ne vous est parvenue, et par conséquent, il vous a été impossible de connaître mes intentions.

» L'année dernière, à la suite de notre expédition dans l'ouest, Dieu ayant permis qu'après plusieurs combats, des prisonniers soient tombés entre nos mains, nous avons été heureux de cette circonstance, parce qu'elle nous permettait de faire un échange. Je me suis même arrêté à ce projet, sachant que vous êtes celui des monarques vers qui, plus que tout autre, doit tendre l'amitié des musulmans. Si déjà nous ne vous avions point entretenu des prisonniers qui sont en vos mains, c'est que nous n'étions pas en mesure de faire une proposition qui pût vous offrir une compensation suffisante, quoique dans les années précédentes nous eussions mis en liberté pour M. Bugeaud plus de cent prisonniers sans échange.

» Lorsque nous avons eu en notre pouvoir un certain nombre des vôtres, nous écrivîmes plus de trois fois au général Lamoricière et au maréchal Bugeaud. Nous n'avons reçu aucune réponse. Tous les courriers porteurs de nos lettres ont été emprisonnés. Nous nous sommes dit : C'est là une trahison que les Français emploient hors d'habitude, eux qui sont les premiers à blâmer les autres en pareille circonstance. Il est en effet d'usage immémorial qu'un envoyé porteur d'une missive soit considéré comme entièrement étranger à la querelle des adversaires.

» En même temps des bruits se répandirent parmi les Arabes. Les uns disaient qu'on avait promis de fortes sommes au chef indigène qui voudrait délivrer les prisonniers ; les autres, que le sultan de Fez avait été sollicité de marcher sur nous pour nous les ravir, et les renvoyer aux leurs malgré notre vouloir [1]. Enfin, les généraux Bugeaud et Lamoricière, tou-

[1] Abd-el-Kader était bien informé. Il est certain que le maréchal Bugeaud fit faire par les agents diplomatiques français, dans le Maroc, MM. Chateau et Léon Roche, des ouvertures en ce sens aux autorités du pays. Voici ce qu'on lit dans une lettre écrite par le maréchal à M. Chateau, consul général de France à Tanger, à la date du 16 juin : « Le moyen le moins fâcheux pour notre politique serait d'obtenir la rentrée des prisonniers par l'influence de l'empereur du Maroc ; et c'est à cela que je viens vous prier de porter, *de nouveau*, vos soins actifs et per-

jours animés pour nous de la même haine, ne nous laissaient pas un instant de tranquillité, ainsi que vous avez dû le connaître.

» L'accroissement de notre colère est devenu tel que nous nous sommes décidés à ordonner le massacre des prisonniers que jusque-là nous avions traités comme nos propres troupes : leur donnant même en plus de la viande, du café et autres choses. Les chefs de votre armée sont les principales causes de ce malheur, parce qu'ils n'ont pas voulu accepter nos propositions d'échange.

» Cependant nous étant convaincus que dans le nombre des prisonniers se trouvaient des chefs appartenant à de bonnes familles, imbus de sentiments d'honneur et qui n'ont pas voulu se laisser tenter par la fuite au milieu de leur esclavage ; nous avons applaudi à leur conduite, et nous nous sommes empressés d'ordonner qu'ils ne fussent pas mis à mort, les ayant préférés aux autres qui ont été massacrés. Depuis nos gens les plus affidés ont sollicité pour eux de nous leur mise en liberté. En nous décidant à leur accorder cette grâce, nous avons voulu le faire en considération de nos frères. Nous n'avons pas

sévérants. Mais si vous ne pouvez réussir d'ici à peu de temps, je ne verrais pas grand inconvénient à faire proposer par des tiers un échange à Ben-Hamis. Abd-el-Kader est expulsé de l'Algérie, ses partisans y sont abattus ; je ne pense donc pas qu'il puisse se prévaloir d'une négociation entamée uniquement dans un but d'échange. » (*Note de l'éditeur.*)

voulu avoir dans cette circonstance d'intermédiaire avec vos gens de l'Algérie, qui se sont conduits à notre égard avec si peu de convenance et qui ont fait naître les troubles entre nous. Mais nous sommes persuadés que pour votre part vous ne méconnaîtrez pas les lois qui doivent lier un peuple voisin du vôtre.

» Toutes ces réflexions étant faites, et de l'avis de M. le commandant de Cognord et de ses compagnons, il a été convenu que leur mise en liberté aurait lieu par Melilla, et par l'intermédiaire du sultan d'Espagne, qui est un des plus puissants de l'Europe, et avec qui vous entretenez des relations d'amitié depuis longtemps. Ayant obtenu l'approbation de ceux qui m'entourent, j'ai accordé grâce, suivant notre loi qui dit : « Décapitez tout le temps du combat, et le » combat fini, faites des prisonniers qui seront ou » graciés ou échangés. » Nous les avons donc réjouis en leur accordant leur mise en liberté. Leur chef a une connaissance parfaite des négociations d'échange entamées avec vos agents; il sait aussi que nous n'avons reçu aucune réponse à nos lettres; il nous a dit : « Si vous voulez écrire au roi, je lui ferai par» venir la lettre de la main à la main; vous en aurez » une réponse, soyez-en persuadé, parce que le roi » n'a nullement connaissance de vos affaires dans ce » pays. » C'est pourquoi nous vous écrivons.

» Nous avons choisi parmi nos plus fidèles serviteurs, le jeune, intelligent, distingué *aga* Abd-el-

Kader-Ben-Achemy qui aura l'honneur de vous entretenir. A son retour, s'il plaît à Dieu, nous saurons ce qui doit avoir lieu, car nous ne voulons que le bien des peuples et tout ce qui peut y avoir rapport.

» Si vous voulez compenser notre bonne action, ce serait d'accorder la liberté de nos prisonniers grands et petits qui font partie de notre armée et dont les parents sont avec nous. C'est ce que nous espérons de votre grandeur et générosité. C'est dans cet espoir et cette confiance que nous vous écrivons aujourd'hui cette lettre, après avoir agi d'une manière loyale et pleine d'humanité. L'avance que nous prenons est une preuve de la confiance où nous sommes que notre réclamation sera écoutée. Le bien que nous attendons de vous en compensation du nôtre est presque une chose due : quant au mal, nous n'avons pas à nous le reprocher, car nous ne voulons que l'équité et le droit.

» Nous n'avons pas trouvé d'aides en cela parmi les agents que vous avez en Algérie ; car ils n'ont fait que perdre le pays et les habitants en exigeant d'eux de l'argent.

» Je finis en mettant toute ma confiance en Dieu, que j'appelle à mon aide, attendu qu'il est le seul dispensateur des vertus et de l'équité. »

« Ecrit par ordre du protecteur de la religion ; que Dieu l'élève à la plus haute dignité et prolonge ses jours ! »

VIII

Les prisonniers rendus à la liberté s'embarquèrent pour la France au commencement de janvier 1847, pour aller se reposer dans leurs familles des émotions d'une agonie qui avait duré quinze mois. La plupart appartiennent encore à l'armée. M. Courby de Cognord, leur chef, vient de finir ses jours cette année avec le titre de général de brigade.

Quant à ceux de leurs frères qui avaient payé de leur sang la gloire de la France, la patrie ne les a point oubliés. Leurs camarades de la garnison de Nemours leur ont élevé, sur le lieu même où ils sont morts, un ossuaire d'une forme simple mais belle, tel qu'il convient à un mausolée militaire; et ces pierres saintes, dont chacune a été posée par la main d'un ami, ont reçu, dès le 1er mars 1847, la bénédiction religieuse.

Cette pieuse cérémonie a été décrite de la manière suivante par un témoin oculaire.

« M. le vicaire général Suchet avec son clergé, le colonel commandant le camp sous Nemours avec toutes ses troupes, et tous les Français établis dans ces parages, sortirent de la redoute, le 1er mars, à cinq heures du matin, pour aller confier à la terre suivant l'esprit de l'Eglise catholique les ossements de nos frères défunts.

» On arriva de bonne heure à la kouba de Sidi-Brahim, où l'on fit halte. Nous contemplâmes avec un sentiment douloureux et fier les larges taches de sang que l'on voit encore sur la muraille de ce petit bâtiment.

» L'officier commandant l'artillerie de la colonne expliqua avec précision les différentes phases du séjour et du départ du capitaine de Geraux et de sa troupe, et l'on se remit en route pour gagner le champ de bataille, ou plutôt le coupe-gorge où succombèrent et Montagnac et Froment-Coste et tant d'autres braves.

» Nous arrivâmes. On se mit aussitôt à l'œuvre pour installer un autel. Deux perches de hauteur d'homme, enfoncées en terre, sur lesquelles fut accroché le manteau du prêtre, formèrent le fond de cet autel; des planches grossières posées sur deux bâtons devinrent la table sainte; deux fanaux de la marine servirent de flambeaux, on fixa la croix dans le canon d'un fusil.

» Ces préparatifs achevés, M. l'abbé Suchet dit la messe, et cette messe fut sublime. A l'élévation, les tambours et les clairons retentirent comme la clameur d'un triomphe. Officiers et soldats, le genou en terre, la main au front, adorèrent le Dieu de vérité.

» A l'issue de la messe, M. le vicaire général jeta l'eau bénite sur les ossements amoncelés devant l'autel et sur la fosse qui devait les recevoir. Son aspersoir fut une feuille de palmier nain ; son bénitier, un vase à boire du soldat en campagne.

» Ensuite, s'adressant à cette foule attentive, il prononça une allocution qui fit couler bien des larmes et qui émut tous les cœurs. Il exprima avec une haute éloquence les sentiments du plus pur patriotisme, des plus vraies et des plus tendres affections, des plus nobles et des plus consolantes espérances.

« C'est là, dit-il, c'est là qu'ils succombèrent : » voilà cette terre qui a bu le sang de quatre cents » braves. Ils succombèrent sous le nombre. Comme » à Waterloo, où la France avait dit par la bouche » d'un de ses fils, « Je meurs et je ne me rends » pas, » de même, longtemps après, en face d'autres » ennemis, quatre cents Français ont prouvé que les » enfants de la France savent toujours préférer la » mort à la captivité. Le nombre les accablait ; ils ne » pouvaient vaincre : ils ont triomphé par la mort. » Mais ils moururent loin de leur patrie, sans rece- » voir les derniers adieux d'une mère, d'une sœur, » d'un ami, d'une épouse peut-être. Qui nous dira » les secrets de la mort? qui nous dira ce qui se passe » dans l'âme du héros chrétien à ce moment su- » prême, alors que, dégagé des illusions d'un monde » qui lui échappe, à la porte de son éternité, elle » va paraître devant Dieu qui l'attend ? Le sentiment » religieux, qui ne s'éteint jamais dans un noble » cœur, se réveille avec toute son énergie. Le doux

» et pieux souvenir de la famille excite en lui le re- » pentir qui ouvre le ciel. Ils moururent comme » vous savez tous mourir, comme vous seriez morts » à leur place, comme meurent des soldats français.

» Une voix s'est élevée qui nous crie d'aimer la » France. Ils sont là, voilà leurs ossements déposés » devant vous.

» Déjà leurs frères d'armes sont venus leur rendre » les honneurs militaires, et déposer ici avec leurs » regrets des palmes et des couronnes. Mais il man- » quait à ces nobles dépouilles de derniers et de » sublimes honneurs, les honneurs de la religion, » qui sait imprimer sur toutes les œuvres des hommes » le cachet de l'éternité. C'est ce devoir sacré que » nous remplissons. Ce ne sont pas de stériles regrets » ni des couronnes périssables que nous déposons en » ce moment sur cette grande tombe : j'y ai appelé » l'auguste Victime immolée pour le salut de tous. » Nous avons prié le Dieu des armées, par le sang de » son divin Fils, d'ouvrir à ces héros, à nos frères, » les portes du ciel. Seigneur, que leurs noms soient » inscrits non pas seulement sur le marbre et le » bronze, mais sur le livre éternel des élus.

» Maintenant, que la renommée aille dire à la » France que la religion est venue verser ses vœux, » ses prières, ses bénédictions sur la tombe solitaire » de Sidi-Brahim ; qu'elle le redise surtout à ces » mères, à ces sœurs, à ces épouses en deuil ; et

» leurs larmes couleront moins amères, et leurs cœurs » seront consolés par l'espérance de retrouver dans » une meilleure vie ceux qu'elles ont perdus.

» La France entière est avec vous ; elle sera re- » connaissante de l'acte religieux que vous venez » d'accomplir. Le musulman vous voit ; soyez sûrs » qu'il réfléchira. Il connaît et redoute votre valeur ; » il admire et bénit votre justice, mais il demande » avec inquiétude où est votre Dieu. Il vous calom- » nie, vous venez de le prouver. Qu'il vienne et qu'il » contemple le spectacle que vous offrez en ce mo- » ment ; il verra comment vous honorez ce Dieu pour » qui vous sauriez mourir. Votre Dieu est au ciel : il » met dans votre esprit des clartés suprêmes, et dans » vos cœurs des espérances victorieuses de la mort.

» Recouvrons d'un peu de terre les restes glorieux » de nos frères dévoués. Plus tard sans doute, lors- » que des villes et des villages couvriront cette Algérie » à jamais française, on élèvera ici, à la place où » nous sommes, un monument digne de notre grande » nation ; et le guerrier viendra, comme autrefois » les anciens preux, aiguiser son épée sur la pierre » de cette tombe avant d'aller combattre et vaincre. »

FIN

TABLE

FIN DE LA TABLE

LILLE. TYP. L. LEFORT. MDCCCLXIV.

www.ingramcontent.com/pod-product-compliance
Ingram Content Group UK Ltd.
Pitfield, Milton Keynes, MK11 3LW, UK
UKHW021041230726
13926UKWH00004B/1587